长江边的名城 2

程遂营 著

河南大学出版社
·郑州·

图书在版编目（CIP）数据

长江边的名城．2 / 程遂营著． -- 郑州：河南大学出版社，2023.12

ISBN 978-7-5649-5721-6

Ⅰ．①长… Ⅱ．①程… Ⅲ．①长江流域－城市－介绍 Ⅳ．① K928.5

中国国家版本馆 CIP 数据核字（2023）第 248083 号

长江边的名城 2
CHANG JIANG BIAN DE MINGCHENG 2

责任编辑 陈　巧
责任校对 孙增科
封面设计 郭　灿
版式设计 高枫叶

出　　版	河南大学出版社
	地址：郑州市郑东新区商务外环中华大厦 2401 号
	邮编：450046
	电话：0371-86059713（高等教育与职业教育出版分社）
	0371-86059701（营销部）
	网址：hupress.henu.edu.cn
排　　版	河南大学出版社设计排版中心
印　　刷	河南瑞之光印刷股份有限公司
版　　次	2023 年 12 月第 1 版
印　　次	2023 年 12 月第 1 次印刷
开　　本	710 mm×1010 mm　1/16　　　印　张　10.25
字　　数	145 千字　　　　　　　　　　定　价　32.00 元

（本书如有印装质量问题，请与河南大学出版社营销部联系调换。）

目 录 Contents

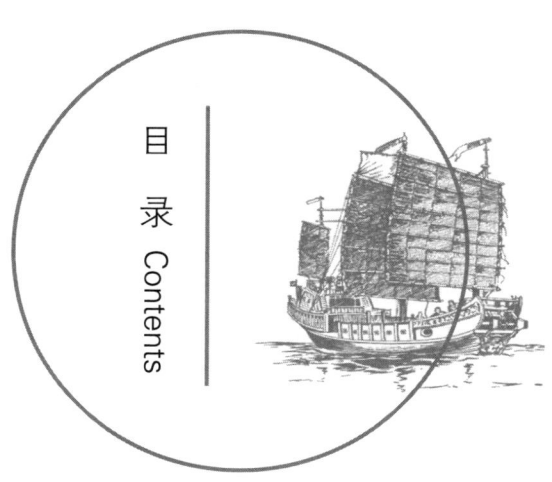

1　　　　序言

001　第一章　九天开出一成都

第
一
章

003　　一、李白眼里的成都
006　　二、都江堰与天府之国
011　　三、自古诗人例到蜀
014　　四、中华文明中的成都元素

019　第二章　巴山夜雨话重庆

第
二
章

022　　一、杀身报国巴蔓子
025　　二、威武不屈钓鱼城
028　　三、改变山城历史的船王
030　　四、火火的重庆火火的情

035　第三章　关羽大意失荆州

第三章

- 037　一、关羽大意失荆州
- 041　二、楚平王昏聩失荆州
- 044　三、屈原以死荐荆州
- 047　四、不凡的荆州

051　第四章　岳阳楼上观岳阳

第四章

- 054　一、岳阳楼的前身
- 058　二、《岳阳楼记》创作之谜
- 062　三、滕子京巧修岳阳楼
- 066　四、永远的岳阳

071　第五章　楚材斯胜品长沙

第五章

- 073　一、贾长沙的由来
- 076　二、为何楚材斯胜
- 078　三、朱张会讲与爱晚亭传奇
- 083　四、中国最早的大学学规

087　第六章　永州古城枕湘川

第六章

- 089　一、柳宗元贬谪永州
- 091　二、罢矮奴贡的阳城
- 093　三、湖广第一个状元
- 096　四、江永女书与潇湘八景

099　第七章　九省通衢大武汉

101　　一、李白搁笔黄鹤楼
103　　二、九省通衢的汉口
108　　三、改变中国命运的汉阳造
111　　四、大武汉与九头鸟

115　第八章　金瓯玉盆话汉中

117　　一、汉朝之源
122　　二、世外乐土
128　　三、得陇望蜀
132　　四、唐廷后院

137　第九章　诗人不幸黄州幸

140　　一、初到黄州
143　　二、东坡由来
147　　三、东坡肉
150　　四、烟雨平生

序言 Preface

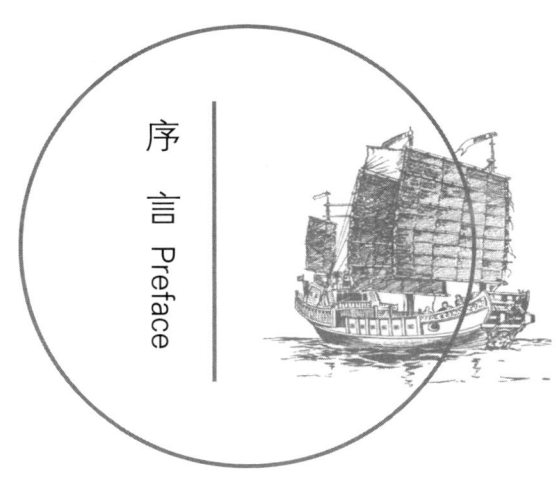

  大河与人类文明的产生与发展有密切关联。它不仅为地球上不同区域的人们提供了清洁的饮用水源,还提供了便利的交通和农业、工业用水,也在一定程度上美化了人类的居住环境,让人类的生活变得更加美好。在全世界范围内,虽然许多大河对人类文明都产生过巨大影响,但就影响的深度与广度而言,恐怕要数古埃及、古巴比伦、古印度和中国四大文明古国更加突出一些。随着四大文明古国的灿烂文明被载入人类史册,尼罗河、幼发拉底河与底格里斯河、印度河与恒河、黄河与长江这几条大河的名字也被人类铭记,并在地球之上熠熠闪光。

  说起来,我与大江、大河的缘分颇深。上学期间,我曾经就读于武汉、哈尔滨和南京,有机会徜徉在长江、松花江岸边,登上武汉长江大桥凭栏远眺,冬天里坐着耙犁横渡松花江。工作之后,来到河南大学所在的开封,无数次利用周末,或者陪远来的客人到咫尺之遥的黄河岸边,感慨黄河母亲的伟大与沧桑。自觉与不自觉间,也把学术研究的视野重点放在了江河名城方面。博士论文探讨了唐宋时期开封的生态环境变迁,并将黄河的安流和泛滥作为影响唐宋开封城市兴衰的主要因素进行论证。而后，2016年，在央视《百家讲坛》主讲了系列节目"黄河上的古都"，选择了西宁、银川、太原、西安、洛阳、开封、安阳、邯郸、淄博、曲阜等15座古都城市进行了讲解。黄河与长江同为中华民族的母亲河，不能偏私。所以，"黄河上的古都"播出后，我就开始谋划长江系列讲座，并根据长江与黄河沿岸城市的不同特点，用"名城"来代替"古都"。由于特殊的地理区位、气候、土壤和植被条件，长江干支流哺育了众多"名城"。2021年，央视《百家讲坛》播出了我主讲的系列节目，介绍了长江上游的历史文化名城玉树、丽江、遵义、成都、眉山、自贡、宜宾、重庆等。而后，我还打算把中游和下游名城作为第二部、第三部进行设计和规划。由于种种原因，这项工作被暂时搁置了下来。承蒙河南大学出版社厚爱，2022年，在"长江边的名城"系列讲座（第一部）的基础上出版了《长江边的名城》一书，并得到了读者朋友的良好反响。长江是一个完整的生态系统，长江上、中、下游的历史文化是血脉相连的；同样，受长江哺育的历史文化名城之间也有着千丝万缕的联系。基于此，在《长江边的名城》的基础上，拿出《长江边的名城2》这部书，算是给长江母亲一个完整的交代。

《长江边的名城2》有这么两个特点。一是仍然延续了《黄河上的古都》《长江边的名城》的写作特点，注重故事性、趣味性和文化性，使广大读者在轻松愉快中穿越历史，品味长江历史文化名城的高光时刻、人文风采，并重点突出了春秋战国文化、三国文化、唐宋文化、明清文化、红色文化等。二是在历史文化名城选择方面，既考虑到了各省名城数量的平衡，也兼顾长江主流与干流的名城。所以，本书最终涉及了成都、重庆、荆州、岳阳、长沙、永州、武汉、汉中、黄州9座城市。

长江和黄河文化就像中华文明的双璧，相得益彰、交相辉映，都为中华民族的形成、发展和繁荣做出了无可替代的重要贡献。据统计，长江流域的水资源总量、粮食产量、生产总值、人口总数等均占到全国总数的1/3以上，长江经济带被公认为我国经济最发达、最有活力、最有潜力的地区之一。不过，中华民族在长江流域的活动已经有数千年甚至上万年的历史，流域内的自然和人文状况发生了巨大变化。人类在长江流域的大规模生产活动和过度开发，已经造成长江流域水土流失、水质污染、湖泊萎缩和环境退化。我们的母亲河病了，病得还不轻！

长江是一位默默无语的善良的母亲，对待哺育了我们几千年、上万年，又肩负着中国未来命运和前途的母亲河，我们不能只叫在嘴上，而应该全身心地用行动去感恩，去崇敬，去关心，去呵护！"共抓大保护，不搞大开发"迫在眉睫！作为一条大河，长江最好的状态就是碧水东流，两岸生机勃勃，这是长江母亲的愿望，是现代人的愿望，更是中华民族子子孙孙的共同愿望！

作者

于开封仁和小区

2023 年 4 月 1 日

第一章

九天开出一成都

城市文化自测题

1. 安史之乱爆发后,唐玄宗逃到成都进行躲避,而后把成都升级为_____。
   A. 西京　　　　B. 南京　　　　C. 行在　　　　D. 行宫

2. "九天开出一成都,万户千门入画图"这一盛赞成都的诗句出自诗人_____。
   A. 元稹　　　　B. 杜牧　　　　C. 李白　　　　D. 杜甫

3. 战国晚期,力主先攻占巴蜀,而后统一六国的秦国战略家是_____。
   A. 张仪　　　　B. 王翦　　　　C. 樗里疾　　　D. 司马错

4. 曾经到过成都的古代诗人、词人有很多,但不包括_____。
   A. 张继　　　　B. 温庭筠　　　C. 陆游　　　　D. 黄庭坚

5. 我国有史可考的第一副春联"新年纳余庆,嘉节号长春"出自_____。
   A. 李白　　　　B. 孟昶　　　　C. 苏轼　　　　D. 王安石

注:以上皆为单选题,参考答案附在本书末。

开篇的诗

咏成都①

都江哺天府②，天府育成都。

千年圣迹③在，今犹说李杜④。

【注】

①成都：位于长江上游的支流岷江之畔，是蜀文化的发祥地。

②都江：指都江堰。天府：指成都平原。成都民间有"先有都江堰，后有天府之国"的说法。

③千年圣迹：指成都有大量历史文化遗存，比如都江堰、武侯祠、杜甫草堂等。

④李杜：指唐朝大诗人李白和杜甫，他们都曾经生活在成都。

长江、长城，黄山、黄河，是中华民族的骄傲！因为有了它们，祖国的山河才显得那么壮美秀丽，中华文明才显得那么博大精深。

和黄河一样，长江也是中华民族的母亲河。它是那样的绵长与宽阔，默默哺育着沿岸的土地与人民。长江两岸的城市里，留下了无数英雄豪杰的壮举与情愫，也留下了太多才子佳人的感慨与倾诉，充满了诗情画意。

接下来，我将带领大家和长江沿岸的9座历史文化名城进行对话。首先，我们将和大家一起走进成都。

一、李白眼里的成都

1200多年前的唐朝中期，爆发了我国历史上有名的安史之乱。叛乱的军队从河北南下，一路势如破竹，很快占领了中原广大地区，又攻下了都城长安的东大门潼关。眼看长安不保，当朝皇帝唐玄宗于天宝十五载（756年）七月，仓皇逃到了成都。八月，太子李亨即位于灵武，这就是唐肃宗，遥尊唐玄宗为太上皇。第二年（757年）十月，官军收复长安，唐肃宗还都长安。腊月，唐玄宗也回到长安。唐肃宗宣布大赦天下，同时，为了纪念唐玄宗避难成都，下诏把成都升为唐朝的南京。

安史之乱震动全国，远在江西的大诗人李白密切关注着朝廷的动向，唐玄宗出逃成都、唐肃宗即位灵武都时刻牵动着他的神经。当他得知唐玄宗安全返回长安、唐肃宗把成都升为南京时，再也抑制不住心中的激情，奋笔写下了组诗《上皇西巡南京歌》十首，其中写道：

> 九天开出一成都，万户千门入画图。
> 草树云山如锦绣，秦川得及此间无。
> ——李白《上皇西巡南京歌》（其二）

还说：

> 水绿天青不起尘，风光和暖胜三秦。
> ——李白《上皇西巡南京歌》（其九）
>
> 天子一行遗圣迹，锦城长作帝王州。
> ——李白《上皇西巡南京歌》（其八）

诗的大意是说：成都乃九天（《吕氏春秋》记载，天有九野，即中央与八方。

中央叫钧天，东方叫苍天，北方叫玄天，西方叫颢天，南方叫炎天。另外，东北、西北、东南、西南也有不同名称，所以，叫九天。不过，大部分时候，九天就是通指天、上天、高高在上的神秘世界）的杰作，不是人力所为；你看那城里的千家万户，排列整齐，就像在画中一样。花草树木装扮的城市如锦绣般美丽，这种景色恐怕在八百里秦川的唐都长安也是看不到的。这里水绿天青路上不起尘土，气候温和胜过三秦的长安。天子这一行留下了圣迹，希望锦城成都以后能长期作为帝王之州。

在组诗中，李白一方面把唐玄宗的逃难赞为"西巡"；另一方面从多个角度赞颂了成都之美，尤其是"九天开出一成都"这句诗被古人赞颂为"金钟大镛之音""锦心绣口之辞"。李白平生第一次对一座城市给予如此完美的赞誉。

但是，大诗人万万没有想到，他的这组诗却犯了忌讳，做得不明智也不合时宜！当朝皇帝唐肃宗看到李白的这组诗后，心里很不痛快，倒霉的大诗人也因此被流放夜郎（今贵州省桐梓县一带）。其中的原因到底是什么呢？

李白（701—762年），字太白，号青莲居士，又号"谪仙人"，被后世称为"诗仙"。据史书记载，李白的祖上是凉武昭王李暠，与李唐王室同宗。一般认为，李白的祖籍在陇西成纪（今甘肃省天水市），出生地在西域碎叶城（今吉尔吉斯斯坦托克马克附近）。5岁左右，李白随父入川，定居在四川江油的青莲镇。25岁时，李白"仗剑去国，辞亲远游"，沿着长江东下，开始了一生的漫游生活。这就是说，李白有20年的时间是在四川度过的。当时，成都已经是西南地区的政治、经济和文化中心，是一个繁华的大都市。根据史料考证，李白曾在15岁、21岁、24岁时三次到成都，饱览成都风光。成都的草树、云山、濯锦江、散花楼、司马相如的相如台、大儒学家扬雄的子云居等优美的自然环境、丰富的人文遗迹、繁华的都市风情都给李白留下了深刻印象，对于李白养成豪放旷达的个性、飘逸俊秀的诗风产生了深刻影响。在李白的心目中，他对成都的感情是一种深厚的故土之念、恋乡之情。所以，当他得知唐玄宗西幸成都，唐肃宗把成都提升为南京时，一种自豪感便油然而生，写出《上皇西巡南京歌》组诗便是顺理成章的事。

那么，这组诗歌怎么会犯了唐肃宗的忌讳呢？这其中有三点原因。

第一，唐玄宗早年励精图治，缔造了开元盛世。但在唐玄宗统治的晚期，他却宠爱杨贵妃，任用奸相李林甫、杨国忠，政治日趋腐败，最后导致安史之乱爆发，唐玄宗仓皇逃亡成都。很明显，这是很不光彩的事。但是，李白却把唐玄宗的逃难当作西巡，把西巡当作盛事来歌颂。颂西巡，就等于颂玄宗；颂玄宗，就等于贬肃宗。

第二，肃宗为什么这么介意李白颂扬玄宗呢？肃宗李亨早年不被父亲唐玄宗看好，太子位几乎不保。所以，当唐玄宗逃亡成都时，他并没有一同前往。而后，他带着一帮追随自己的朝臣，在灵武另立中央，自立为帝，把他老爹玄宗遥尊为太上皇。此事并未征得唐玄宗的同意，由此父子关系更加不睦。当唐玄宗从成都返回长安后，朝廷大权已完全落入唐肃宗之手。唐肃宗为了确保自己的帝位稳固，把唐玄宗软禁在了太极宫，并把他身边的亲信一个个驱离，连高力士也不让留在身边。所以，回到长安四年后，唐玄宗就抑郁而死。而李白呢？他早年曾在唐玄宗身边供奉翰林，陪着唐玄宗、杨贵妃吟诗作赋，度过了一段"长安市上酒家眠，天子呼来不上船"的潇洒自在时光。后来，因为倨傲，李白虽然被玄宗"赐金还山"，离开长安，但两人之间毕竟还是留下不少令人依恋的旧情，而不谙政治的李白大概也不太清楚玄宗与肃宗父子之间的纠葛。所以，李白对唐玄宗大加颂扬虽在情理之中，却惹来肃宗满肚子不高兴。

第三，当李白作《上皇西巡南京歌》组诗的时候，他在江西永王李璘的幕府中就职。李璘是唐肃宗的异母弟，对皇位也有觊觎之心。当安史之乱爆发的时候，他以讨伐安史之乱为名起兵江南，李白的《上皇西巡南京歌》组诗大概就作于此时。同时，李白还作了组诗《永王东巡歌》，这不是聪明人做糊涂事嘛！肃宗继位后，李璘举旗造反，但很快被镇压下去。李白因为附逆永王，加上不合时宜地作了《上皇西巡南京歌》《永王东巡歌》而难逃罪责。唐肃宗便老账新账一块算，下诏把李白流放夜郎，四年以后，李白抑郁而死。

李白的遭遇不禁令人唏嘘！

不过，纵观这件事情的全过程，我们会发现，很多时候人都会面临着两难，李白也一样。

一方面，和古代大多优秀的文人一样，李白一生抱定"修身、齐家、治国、平天下"的政治理想，不懈追求国家兴盛、政治安定和百姓幸福，也曾有过一段在长安陪伴君王供奉翰林的黄金岁月。在出走长安后，仍然时刻关注国家的命运与前途，《上皇西巡南京歌》组诗就是这种情感的自然流露。

另一方面，李白天生具有特立独行、不受拘束的浪漫个性，所以，他的作品中不乏"天生我材必有用""飞流直下三千尺"这样的惊天之作，他也因此被称为"诗仙"。而当李白创作《上皇西巡南京歌》时，他已接近60岁了。他25岁走出四川，沿江而下浪迹天涯，仕途上很不顺利，尝尽了人生的苦辣酸甜。回头想想，家是故乡好、月是故乡明啊！青年时多次往返的成都早已成为他心灵的故乡。所以，对个人命运和故土情怀的深情牵挂便油然而生，李白歌咏成都才那么投入、那么动情！

二、都江堰与天府之国

用"九天开出一成都"来评说成都的由来，无疑是大诗人李白浪漫主义诗风的体现。不过，天地是无私的，要建设美丽的城市家园还要靠人类自己。

翻开我国的地形图，大家会发现，成都位于我国西南地区的四川盆地，周围大山环绕，地理上十分封闭。它的北边是大巴山脉，东边是巫山山脉，西边是青藏高原，南边是云贵高原。自古以来，这里的对外交通就十分不利。相信很多人都熟悉李白的这样一句诗：

噫吁嚱，危乎高哉！

蜀道之难，难于上青天！

——李白《蜀道难》

蜀，指以成都为中心的四川地区，也是古代蜀国所在地。在李白看来，到蜀地去比到天上还难！反过来，走出蜀地也同样艰难。

那么，如此封闭的一座城市，到后来是如何发展成为长江流域的城市之星的？或者换句话说，成都的崛起主要得益于什么样的历史机遇呢？

秦惠文王九年（前316年），秦国咸阳宫里发生过一场激烈的辩论。

辩论的双方一方为秦国的将军司马错，另一方为秦国的国相张仪。很多人对张仪很熟悉，他是战国时期著名的纵横家，主张连横，而对司马错这个人不太了解，其实，他是战国时期一个了不起的军事家、战略家。

这场辩论的背景是：当时，在今四川和重庆地区分别有两个诸侯国，即以成都为中心的蜀国和以重庆为中心的巴国。这两个诸侯国都与秦国接壤，与秦国都保持着交往。但巴与蜀却有世仇，常常兵戎相见，战争不断。蜀国开明王有一个弟弟叫葭萌，被开明王封到了汉中，做苴侯。但苴侯却胳膊肘往外拐，私下里和巴王要好，来往很密切。开明王得知后，十分不满，要率兵攻打弟弟苴侯。苴侯害怕，逃到了巴王那里。开明王又要攻打巴国。当时巴国实力不如蜀国，于是巴王和苴侯向秦国求救。

对于是否该出兵蜀国，秦惠文王的大臣中有截然相反的两种意见。国相张仪认为不该出兵。当时，秦国经过商鞅变法之后，国力大大增强，屡屡打败东方六国，成为战国七雄中实力最强大的诸侯国。张仪认为应该趁热打铁，向韩国、魏国等东方六国挨个儿出兵，迅速统一全国。在他眼里，巴蜀地僻土遥，山川险阻，经济文化落后，与戎狄无异，根本不会对秦国统一天下有什么明显的作用。而司马错将军的意见与张仪正好相反，他认为不仅应该趁此机会出兵巴蜀，而且应该一举占领巴蜀。他说：

其国富饶，得其布帛金银，足给军用。水通于楚，有巴之劲卒，浮大舶船以东向楚，楚地可得。得蜀则得楚，楚亡则天下并矣！

——《华阳国志·蜀志》

司马错在这段话里，表达了三点看法：

第一，巴蜀土地富饶，得到了巴蜀的布帛金银，就可以从物力、财力上为秦国的统一战争提供支持。

第二，巴国通过长江与楚国相连，而楚国是秦国最强大的对手。得到了巴国，一方面将得到巴国勇劲的士卒，也就是兵源；另一方面从水路乘战船沿江东下，便可一举攻灭楚国。

第三，得到了蜀地、巴地，便可以攻灭楚国。楚国一亡，秦国就没有强大对手了，那么，天下统一也就指日可待。

很明显，和张仪的观点相比，司马错的看法更高出一筹。

秦惠文王是一位富有远见的政治家，于是，果断地接纳了司马错的意见。当年秋天，他便派司马错、张仪带兵越过秦岭、汉中，沿蜀国在崇山峻岭之中开凿的古道——金牛道（又名石牛道，得名于"石牛粪金，五丁开道"的故事）攻入蜀国。三个月后，攻占蜀国都城成都，开明王被杀，蜀国灭亡。接着，又攻占巴国，巴王被俘，巴国也灭亡。秦国在成都设立蜀郡，在重庆设立巴郡，使之纳入秦国统治的范围。

秦国在巴蜀经营了近百年时间，其间，司马错和张仪仿照咸阳的城市结构重建了成都，给成都平原带去了先进的生产工具和生产方式，但最重大的举措则是都江堰工程的修建。

成都位于长江上游的支流岷江右岸。岷江发源于川北高地，在成都西北的灌县（今四川省都江堰市）进入成都平原。在岷江与成都之间，隔着一座不高的玉垒山。洪水季节，岷江水流很大，在玉垒山以西常常形成灾害，洪水一退，千里砂石。在春天农耕季节，由于玉垒山的阻隔，成都以东的平原地区则往往干旱缺水，农业经济受到影响，造成典型的东旱西涝的格局。无疑，这时候的岷江是一条"害河"。不过，成都平原的地势总体上自西北向东南倾斜，这为引岷江水到成都平原灌溉和交通提供了天然便利的条件。这时候，上天派来了一位改变成都平原命运的人。

他叫李冰，是一位杰出的水利工程专家，被秦昭襄王任命为蜀郡郡守，即蜀郡的地方最高长官，驻守成都。他和他的儿子二郎带领当地百姓凿开玉垒山，修建鱼嘴坝、飞沙堰、离堆、宝瓶口等系统工程，把岷江一分为二，内江水进入成都平原，用于灌溉、水运和城市用水。这项工程一直持续了八年，秦昭襄王五十一年，即公元前256年，世界水利史上的惊世之作岷江引水水利工程竣工，因为工程的主要目的是引水到成都，所以，这项水利工程后来就被命名为"都江堰"了。岷江水通过宝瓶口沿自然地势自西北流向东南，进入成都平原后，在成都附近一分为二，再二分为四，呈放射状流向成都平原，灌溉了6600多平方公里范围内的1000多万亩土地。史书记载，都江堰工程建成后，成都平原：

水旱从人，不知饥馑，时无荒年，天下谓之天府也。

——《华阳国志·蜀志》

意思是说，都江堰工程建成后，成都平原是水是旱不再听老天爷的了，而完全由人的意志决定。成都平原年年丰收，没有了荒年，老百姓再也不用挨饿，天下人把成都平原形象地称为"天府"，即物产丰富的天然府库。而成都作为"天府"的核心城市也悄然崛起，成为长江之滨的一颗城市新星。

在都江堰工程建成约30年后（前223年），秦国果然按照当年司马错的战略计划，派出两路人马，陆路东出陕西，从河南南部进攻楚国；另一路大军从成都出发，顺岷江而下，进入长江东下。水陆并进，一举灭掉六国之中实力最雄厚、地盘最大的楚国。两年后，秦国统一了全国，建立了我国历史上第一个统一的多民族的封建国家——秦国。

对此，宋朝人郭允蹈曾评价说：

> 秦并六国，自得蜀始。……灭六雄而一天下，岂偶然哉？由得蜀故也。
>
> ——郭允蹈《蜀鉴》

在郭允蹈看来，秦国之所以能兼并六国，实现全国统一，都是从得到蜀国开始的。所以，秦灭六国而统一天下，绝非偶然！我觉得，这个评价是比较客观的。

秦国统一背后的故事以及成都从默默无闻到崛起的过程也带给我们很多思考。

其一，对于一个国家而言，要想有所作为，成就一番惊天的事业，必须经过长期经营和发展，必须有强大的经济基础作为后盾。很多人都看到了秦国统一的辉煌、秦始皇做皇帝时的威风，其实，背后是秦国数代国君努力的结果，是对巴蜀地区上百年经营的结果。

其二，对于成都而言，正是由于秦国在巴蜀地区上百年的苦心经营、都江堰工程的修建，才奠定了城市经济发展的根基。这就像万丈高楼的地基已经打牢一样，从此以后，成都便逐渐走上了发展繁荣的道路，其发展的势头甚至挡都挡不住。

其三，对于都江堰工程而言，蜀守李冰本着为百姓创造福祉的目的，巧妙地利用岷江和成都平原的天然条件，以对自然最小的改造换来对人类最大的利益，达到了人与自然的真正和谐。这不正是老子提倡的"道法自然"的真谛所在吗？因此，作为一个实至名归的大国工匠，李冰及其作品都江堰工程才受到世世代代的膜拜。时至今日，在成都还流行一句谚语："先有都江堰，后有天府之国。"也就是说，在当地的老百姓看来，没有都江堰的修建就没有号称"天府之国"的成都大平原，更不可能有美丽繁华的成都市。

三、自古诗人例到蜀

如果说李白的"九天开出一成都"是对成都的由衷赞美，李冰开凿都江堰是地方官造福成都的创世之举，那么，安史之乱后，另一位大诗人的到来，则开创了我国历史上"自古诗人例到蜀"的罕见文化现象，使成都成为长江之滨一座"诗意"之城。

清代诗人李调元曾赋诗说："自古诗人例到蜀。"意思是说，自古以来，诗人们都要到蜀地去拜谒。蜀地的哪里？当然是蜀文化中心的成都。据统计，仅仅唐、五代和宋代，入蜀的诗人、词人就有高适、岑参、白居易、刘禹锡、元稹、贾岛、李商隐、张籍、王建、陆龟蒙、温庭筠、韦庄、陆游、黄庭坚……

这是一个很长的清单、很豪华的阵容。

为什么这些鼎鼎大名的诗人都照例要到成都呢？

这与大诗人杜甫客居成都有关。

杜甫（712—770年）的家乡在河南的巩义。唐肃宗乾元二年（759年）冬天，杜甫一家为躲避安史之乱，来到了成都。那时候，安史之乱还没有结束，杜甫的家乡还被叛军占领着。在朋友的帮助下，杜甫在成都西郊的浣花溪畔建造了一座茅屋。次年春，茅屋落成，称"成都草堂"。在成都的日子是杜甫在乱世中得到短暂安宁的一段岁月，也是杜甫一生中较为幸福的一段时光。在这里，杜甫以一个来自黄河流域的他乡游子的角度，观察着成都，感受着成都，描述着成都，并由衷地赞美着成都。我们拿杜甫在成都创作的两首诗来说，其中一首是《春夜喜雨》：

好雨知时节，当春乃发生。

随风潜入夜,润物细无声。

野径云俱黑,江船火独明。

晓看红湿处,花重锦官城。

——杜甫《春夜喜雨》

这是杜甫来到成都见到第一个春天、第一场春雨后所创作的一首诗,其喜悦之情溢于言表。而今,"花重锦官城"已经成为国人皆知的成都文化名片。为什么杜甫把成都称作"锦官城"呢?

原来,成都平原盛产桑蚕,织锦业发展很早。到了汉代,在成都笮桥南岸有个锦官城,是政府设立的专门负责织锦业务的地方官居住和出产蜀锦的地方,是成都的工业区。蜀锦织造工艺流程中有一个重要程序,就是在流经城南的流江水中"濯锦",即漂洗半成品的蜀锦。流江水来自岷江,而岷江水来自高山冰雪融水,水温低。用岷江水漂洗半成品蜀锦就是对蜀锦进行一个冷处理的过程,经岷江水漂洗过的蜀锦颜色鲜艳、明丽,十分漂亮。所以,成都人干脆把流经城南的流江称作"濯锦江",简称"锦江"。后来,成都也就被称为锦城、锦官城了。

另一首诗则为我们留下了成都作为长江上游航运中心的珍贵资料。

两个黄鹂鸣翠柳,一行白鹭上青天。

窗含西岭千秋雪,门泊东吴万里船。

——杜甫《绝句四首》(其三)

杜甫居住的草堂东边不远就是成都著名的万里桥码头。在乍暖还寒的初春时节,杜甫身居草堂,听到了黄鹂、白鹭带来的春天气息,看到了成都西岭山上的积雪。同时,还可以看到不远处的万里桥码头帆樯林立,停泊着不少来自或将要发往万里之外的吴地的船舶。

杜甫告诉我们，唐时的成都就能直接与遥远的东吴，也就是长江下游的南京一带直接通航了。这是1200多年以前啊，诗圣杜甫是不是有点夸张了？

一点都不夸张。

其实，早在都江堰工程完成后，成都就成了长江上游的水运中心了。三国时期，成都是蜀汉的都城。为了联吴抗曹，蜀汉曾派大臣费祎出使东吴。临出发时，丞相诸葛亮亲自为费祎送行。费祎深知责任重大，所以，将要登舟之时，站在桥头，握住诸葛亮的手说：

万里之路，始于此桥。

——李吉甫《元和郡县志》

这说明，三国时期，从成都乘舟出发，沿江而下，就可以到达万里之外的东吴都城南京。万里桥就从此得名。

航运的发达促进了万里桥地区商品贸易的发达，所以，在杜甫居留成都时，万里桥畔酒店林立，游人如织，是一个繁华的市井空间。外地人到了成都，都要到万里桥去参观，就像今天到了成都都要到宽窄巷子去游一遭一样。

以万里桥为标志的成都水运，连通长江沿岸各个城市，蜀道不再艰难，出入自由方便，蜀锦才可以销往全国各地，外地的人才能够千里迢迢来到成都。

杜甫在成都草堂先后居住生活了三年零九个月。在此期间，杜甫总共写下了两百多首诗，这些诗占了他一生所留下的1200多首诗的将近四分之一。后人将把这些诗作称为杜甫的"成都诗"。

我们说"诗言志"，杜甫的这些"成都诗"除了歌咏成都城市本身的美丽、迷人，很多成为诗歌中的经典；他还结合自身的坎坷经历和安史之乱带来的国家动荡，创作了不少富有人生哲理的好诗。其中，最感人的要数《蜀相》了：

丞相祠堂何处寻，锦官城外柏森森。

映阶碧草自春色，隔叶黄鹂空好音。

三顾频烦天下计，两朝开济老臣心。

出师未捷身先死，长使英雄泪满襟。

——杜甫《蜀相》

这首诗的最后两句"出师未捷身先死，长使英雄泪满襟"成为评述诸葛亮的千古名句。为什么杜甫能够吟诵出如此感人至深的名句呢？杜甫自己早年也曾抱着"致君尧舜上，再使风俗淳"的政治理想，想成为诸葛亮那样的辅国能臣。但是，仕途上的失意、安史之乱的爆发，让他感觉到要成就一番事业是多么艰难。所以，杜甫是借诗言志，抒发对诸葛亮的敬仰之情，抒发自己的家国情怀。这样的诗才能感人肺腑、催人泪下，这样的杜甫也才更有人格魅力。

后来，杜甫被称为"诗圣"，他的诗歌被称为"诗史"，成为当时和后代文人士大夫学习的典范。而中国自古就有"读万卷书，行万里路"的游学传统，所以，要学杜诗，除了在诗歌本身上下功夫，还有必要寻访、瞻仰和膜拜诗人的圣迹，而蜀地成都是杜甫重要的创作之地、成名之地，"自古诗人例到蜀"的传统就是在这样一种文化意向引导下逐步形成的。

到了今天，杜甫草堂已经成为成都的文化地标、诗歌圣地，吸引着一代又一代的文人墨客、大众游客来此瞻仰凭吊。

四、中华文明中的成都元素

历史上，由"九天开出"，经李冰父子改造，又由杜甫歌咏的成都，先后成为古蜀国、三国时期蜀汉、前蜀、后蜀等割据王朝的都城，还一度成为唐王朝的陪都。在此过程中，成都为中华文明的发展所做出的贡献很大。除了前面介绍的蜀锦、都江堰工程，其他的比如我国土生土长的宗教——道教，我国最早的纸币——交子,我国非物质文化遗产的标志——太阳神鸟(出自成都金沙遗址)以及现代风行全国的川菜等都出自成都。

一般认为,优秀文化的创造者都是像李冰那样为民着想的地方官,像李白、杜甫那样睿智的诗人,或者一些杰出的民间艺术家。其实,并非完全如此。在成都的历史上,就连被史家们看作亡国之君的一位割据王朝的帝王也为中华民族的文化宝库贡献了两样珍品。

他就是五代十国时期后蜀的国君孟昶(919—965年)。

根据史书记载,孟昶是后蜀的末代国君,在位31年。965年,宋太祖赵匡胤派大军征伐后蜀,孟昶抵抗失败后出城投降,被押往北宋的都城开封,最后客死在开封。

很多人知道孟昶是因为这样一个故事。北宋灭后蜀后,来自后蜀宫廷的大量奇珍异宝从成都运往宋都开封。宋太祖赵匡胤查看这些奇珍异宝时,发现其中有几个镶嵌着七宝珍珠的类似罐子的东西,不知道是什么特殊宝贝。仔细鉴别,原来是孟昶夜间使用的"溺器",也就是便壶。宋太祖立刻命令手下人把这几个溺器打碎,并感慨说:

以此奉身,不亡何待!

——石介《三朝圣政录·宝装溺器》

连日常生活中用的溺器都要用七宝珍珠装饰,这样的国君治国,怎么能不灭亡呢?

这个故事记载在宋朝人石介的《三朝圣政录》里。后来,欧阳修在著《新五代史》时也采用了这个说法。从此,荒淫、奢侈的后蜀国君的形象便扬名天下了。

然而,出人意料的是,就是这样一个看似奢侈无度的亡国之君,却与我国国民生活中两样珍贵的文化遗产有关。

一样是春联。

大家知道，每逢春节，家家户户都要贴春联，王安石有诗云：

爆竹声中一岁除，春风送暖入屠苏。
千门万户曈曈日，总把新桃换旧符。

——王安石《元日》

这就是说，在北宋的时候，春节已经有了家家贴春联即桃符迎新年的风俗。那么，我国有史可考的第一副春联出自谁手呢？《宋史》记载：

每岁除，命学士为词，题桃符，置寝门左右。末年，学士幸寅逊撰词，昶以其非工，自命笔题云："新年纳余庆，嘉节号长春。"

——《宋史·西蜀孟氏》

这段史料告诉我们，后蜀时期，每到除夕，孟昶都让翰林学士在桃符上题写一些吉祥如意的迎接新年的文辞。到了正旦，也就是新年的第一天，把桃符挂在后宫寝殿的大门两边。在后蜀被北宋灭亡的前一年，即964年的年末，成都到处都在盛传北宋大军将要伐蜀的消息。为了稳定军心、民心，孟昶还是照例让翰林学士们题写桃符迎接新年。听到成都将要受到攻击的消息，那些翰林学士们已如惊弓之鸟，无法静心，所以，绞尽脑汁也想不出好词来。最后，翰林学士幸寅逊撰写的辞章呈递给孟昶。孟昶看后很不满意，便命人拿来笔墨纸砚，在桃符上写下了这样的词：

新年纳余庆，嘉节号长春。

此词对仗工整，满含吉庆，充分显示出孟昶的才华。后流传下来，便成为我国有史可考的第一副春联。这算是孟昶代表成都这座城市留给中华文化的一块瑰宝吧！

另一样瑰宝是官箴。现在我们参观很多古代留下来的府衙、县衙，大都有刻在石头上或是书写在屏风上的所谓"官箴"。在今天开封的开封府，也就是当年包拯审案办公的地方就有一块很显眼的大石头，石头上刻着这样16个字：

尔俸尔禄，民膏民脂；
下民易虐，上天难欺。

这就是从宋朝留下来的所谓"官箴"，竖立在全国各府、州、县衙门里，因为往往刻在石头上，所以也叫"戒石铭"。其目的是告诫地方官，他们的俸禄都是民脂民膏，是老百姓的血汗。为官时要一心奉公，上对得起苍天，下对得起黎民。这16字的铭文最初出自谁手呢？还是孟昶。

后蜀皇帝孟昶在位前期，曾是一位勤政有为的国君。他发现，一些中央和地方官恣意妄为、横征暴敛，引发了很多社会矛盾。孟昶认为，吏治乃治国的根本。所以，他曾下大力气整顿吏治。为了诫勉地方官，孟昶特意颁布了一道特殊的"官箴"诏书，告诫地方官如何为官，颁行于后蜀各地。

朕念赤子，旰食宵衣。托之令长，抚养安绥。政在三异，道在七丝。
驱鸡为理，留犊为规。宽猛得所，风俗可移。无令侵削，毋使疮痍。
下民易虐，上天难欺。赋与是切，军国是资。朕之爵赏，固不逾时。
尔俸尔禄，民膏民脂。为人父母，罔不仁慈。特为尔戒，体朕深恩。

——张唐英《蜀梼杌》（卷下）

这段"官箴"诏书总共有24句话，其中包括了"下民易虐，上天难欺"

以及"尔俸尔禄,民膏民脂"这四句话。后来,后蜀被北宋灭亡,后蜀的一些文献资料也就同时被搜罗到了北宋的都城开封。北宋的第二任皇帝宋太宗赵光义查阅到孟昶的这份"官箴"诏书时,很受感动,也觉得十分可取。所以,宋太宗就特意摘出其中的四句话,并改为"尔俸尔禄,民膏民脂;下民易虐,上天难欺"这16个字,作为宋朝的"官箴",颁行全国各府、州、县衙门,并逐渐衍变为宋朝的"戒石铭"。

当然了,孟昶艺术水平高、文化修养好,固然对我国的文化事业做出了贡献,但他的身份是皇帝,首先得做好皇帝的本职工作:治国理政,保家卫国。本职工作没做好,当了亡国之君,受到后人的批评就不奇怪了。而且,政治和艺术也不是不可兼得,清朝的乾隆皇帝生前也是一位艺术爱好者、一位诗人,但并没有影响他成为一个好皇帝。乾隆统治时期,缔造了中国历史上最后的辉煌——康乾盛世,因此得到了后人的好评。

长江哺育了成都,都江堰成就了成都,李白、杜甫又为这座城市留下了太多传颂千古的精美诗词,使这座城市充满了诗情画意。我个人也曾三次到访过成都,流连于杜甫草堂、武侯祠、都江堰、宽窄巷子,切身感受到这座城市的整洁、包容和厚重,感受到出租车司机和街头百姓的质朴、乐观与热情。现在,很多大都市一派躁动、嘈杂与扰攘,而置身成都,流连在大街小巷,似乎总能找到宁静,找到让心灵得到净化的空间。这也许就是成都城市个性的独特之处吧!

请看下一章:巴山夜雨话重庆!

第二章
巴山夜雨话重庆

城市文化自测题

1. 留下"何当共剪西窗烛,却话巴山夜雨时"这一优美诗句的诗人是_____。

   A. 元稹　　　　　B. 杜牧　　　　　C. 李商隐　　　　D. 柳宗元

2. 历史上,重庆地名曾数次更易,以下不属于重庆曾用地名的是_____。

   A. 巴州　　　　　B. 江州　　　　　C. 渝州　　　　　D. 叙州

3. 南宋晚期,重庆地方军民曾在钓鱼城重创蒙古大军,被飞石击伤,不久死于军中的蒙古大汗是_____。

   A. 窝阔台汗　　　B. 贵由汗　　　　C. 蒙哥汗　　　　D. 阿里布哥汗

4. 抗日战争时期,曾在国民政府从南京到重庆的大撤退中做出突出贡献的重庆"船王"是_____。

   A. 卢作孚　　　　B. 陈顺通　　　　C. 顾宗瑞　　　　D. 董浩云

5. 重庆火锅特别有名,抗日战争时期,曾在重庆以火锅宴庆贺五十大寿的文化名人是_____。

A. 夏衍　　　　　B. 丰子恺　　　　　C. 巴金　　　　　D. 郭沫若

注：以上皆为单选题，参考答案附在本书末。

开篇的诗

咏重庆①

灯火阑珊照渝州②，山城③秀色不胜收。

古今多少英雄事，尽付江水向东流。

【注】

①重庆：位于长江上游，长江与嘉陵江交汇处。重庆是巴文化发源地，抗日战争时期曾作为国民政府的陪都。

②渝州：隋朝时，重庆称渝州。南宋时，改称重庆。

③山城：重庆的别称。重庆的别称还有雾都、江城等。

唐朝大中二年（848年）的夏秋之交，唐朝诗人李商隐（约813—约858年）从广西桂林（李商隐在桂管观察使郑亚幕府做判官）北上，行经巴蜀，准备返回他在长安的家。他已经在南方漂泊多年。没想到走到大巴山区，却下起了连绵秋雨，交通中断，阻滞了他返家的脚步。一天深夜，他重新展开妻子王氏寄来的家书，以诗代信，写下了这样一首诗：

君问归期未有期，巴山夜雨涨秋池。

何当共剪西窗烛，却话巴山夜雨时。

——李商隐《夜雨寄北》

你问我什么时候回家，我也不能确定归期；今晚巴山下着大雨，雨水已涨满池子。你我何时能重新相聚，共坐西窗之下，剪去烛花，彻夜畅谈。这首缠绵悱恻、情意深长的诗，已成为爱情诗的代表，世代流传。而"巴山夜雨"

也作为唐诗所提供的最经典的意境之一，至今仍在引起强烈的共鸣。

因为时间已经过去太久了，今天，我们无法确定当年的李商隐具体在哪里创作了这首诗。但很明显，这首诗和大诗人杜甫在成都草堂创作的"好雨知时节，当春乃发生。随风潜入夜，润物细无声"（《春夜喜雨》）的那种雨是截然不同的。两种雨形成了鲜明的对照。

山水虽是无情物，观者有情自有情！今天重庆渝中区老城西的佛图关有一座老旧的寺院，就叫夜雨寺。寺内有秋池、夜雨阁等建筑，相传就是当年李商隐因为夜雨滞留重庆而创作《夜雨寄北》一诗的地方。到了清朝年间，重庆所谓的"渝城八景""巴渝十二景"中，"佛图夜雨"都是不可或缺的一景。这就是说，在中国文化的意象中，"巴山夜雨"这一美妙的意境与重庆这座美丽的山城紧密联系在了一起。

在我看来，杜甫的《春夜喜雨》和李商隐的《夜雨寄北》则恰好反映了成都和重庆文化的不同特质。

大家知道，巴与蜀山水相连，地缘相近，巴蜀文化是长江上游的一个重要文化系统。其中，成都与重庆则是巴蜀文化的代表。然而，由于地理位置、经济发展方式和历史积淀等方面的差异，巴文化与蜀文化却有很大不同。成都位于号称"天府之国"的成都平原，经济基础好，富足而繁华，所以，在杜甫的《春夜喜雨》里呈现出的成都城市文化明显带有宁静、休闲的特质。而以重庆为核心的巴渝各族则生活在大山、大川之间，靠渔猎为生，李商隐《夜雨寄北》里的大山、雨水，以及大山、大川给人的出行乃至生活带来的不便就反映了这样的现实。在这种险恶的自然环境中长期生活的重庆先民，也逐渐养成了耿直、热心、坚韧、剽悍的性格。

一、杀身报国巴蔓子

史书记载，周武王伐纣时，曾有一支巴人组成的精锐部队参战。他们往往作为开路先锋,勇往直前,为武王伐纣的胜利立下了汗马功劳。从此,巴人的勇猛便名声在外了。由于作战有功,周朝建立以后,分封诸侯,以今重庆地区为都城建立巴国。古巴国发展到高峰的时候,形成了一个以重庆为中心,地跨川、陕、鄂、湘、黔的大诸侯国。然而,到了战国晚期,随着秦、楚等战国七雄的日渐强大,巴国则面临着越来越艰难的生存危机。这时候发生了一件事,直接关系到巴国的命运。据《华阳国志》记载:

周之季世,巴国有乱,将军蔓子请师于楚,许以三城,楚王救巴。

——《华阳国志·巴志》

到了东周末年,也就是战国末期,巴国的统治已经开始走下坡路,内忧外患不断。这时候,巴国国内发生了一次较大规模的贵族之间争权夺利的内乱,无法平息,都城重庆(当时叫江州)危在旦夕。这时候,巴国有一位叫巴蔓子(生卒年不详)的将军向巴王建议,请求楚国出兵帮助巴国平叛。巴王赞同,并派巴蔓子沿长江而下,到楚国请求援兵。

当时巴国东与楚国相邻,西和北与蜀国、秦国相接。巴与楚长期结为姻亲之国,以此对抗蜀国和秦国。所以,巴楚之间是有政治和军事联盟基础的。巴蔓子原以为楚国出兵应该不成问题,不过,当巴蔓子到了楚国的都城郢都(今湖北省荆州市)时,却遇到了大麻烦。因为巴楚互为结盟国家,楚国的国君楚怀王无法拒绝出兵援巴,但提出了一个苛刻的条件:事成之后,也就是平定巴国内乱之后,巴国要割让三座城邑给楚国作为回报。这大大出乎巴蔓子的意料!

怎么办?不答应楚王的条件,巴国将会面临更大的危机,老百姓也将遭受更大的苦难。答应割地则意味着背叛巴国,而且临行前巴王也没有授予巴蔓子这样的权力。为了尽快挽救巴国,巴蔓子略一思索,便爽快地答应了楚国的条件。结果,楚王马上出兵,跟随巴蔓子进入巴国,很快平定了内乱,楚国撤兵。

不久，楚王派出使者到重庆，见到巴王，索要三城。巴王一听，一头雾水，因为巴蔓子并没有将此事报告给巴王。这时候，巴蔓子站了出来，把事情原委给巴王及大臣们说了一遍。然后，他对楚国使臣说道：是我自己承诺事成之后割让三座巴国城邑给楚国的，此事与巴王无关。国土是巴国的，我一个将军怎么有权力私自割让？但我会信守对楚王的承诺，请您将我的头颅带给楚王，以谢我食言之过！说罢，巴蔓子拔出宝剑，自刎而亡。楚国使臣、巴王和巴国大臣们满座震惊！

就这样，楚国使臣带着巴蔓子的头颅返回郢都。当使臣把详情向楚王作了汇报后，楚怀王感叹道：如果楚国能得到巴蔓子这样的将军，又怎么会在乎几座城池呢！于是，楚怀王以上将军之礼厚葬了巴蔓子的头颅，而巴国则以上卿之礼隆重埋葬了巴蔓子的躯体。在今天重庆七星岗，有巴蔓子将军的墓，据说就是埋葬巴蔓子躯体的地方。

为什么2000年以前巴蔓子将军的事迹会被载入史册，他本人也受到后人的敬仰呢？我觉得主要有两方面的原因。

一个方面是巴蔓子的忠勇。巴蔓子忠于巴国，勇于担当，为了巴国的国家利益不惜抛头颅、洒热血。到了唐朝初期（贞观八年，634年），唐太宗李世民为了纪念巴蔓子，把巴蔓子的祖籍临江城改名忠州（今重庆市忠县），更加彰显了巴蔓子的大忠大勇。

另一个方面在于巴蔓子的诚信。巴蔓子当初答应楚王割三城是一种权宜之计，出于万般无奈。事成之后，不割三城，则失信于楚国；但如果真的割了三城，他就成了巴国的罪人。唯有一死，才能既保全巴国，又不失信于楚国。所以，巴蔓子最终选择了自杀身亡。

面对死亡威胁，人都会本能地产生恐惧，视死如归、主动选择用死亡的方式兑现自己的承诺和信仰，不是更加难能可贵吗？《三国演义》里，张飞奉命进攻巴蜀，巴郡守将严颜被张飞生擒，张飞要他投降，老将严颜说："但有断头将军，无降将军。"这让张飞深受感动。严颜所说的"断头将军"就是指巴国英雄巴蔓子。后来，我国历史上像文天祥、谭嗣同等在中华民族生死存亡的危急关头，视死如归、舍生取义的人物，其精神都是和巴蔓子的精神一脉相承的。

二、威武不屈钓鱼城

大家知道，成吉思汗及其子孙率领的蒙古军队几乎攻无不克、战无不胜。他们先后灭掉北方的金和西夏，横扫中亚和东欧。到了宋朝末年，成吉思汗的孙子蒙哥大汗（元宪宗，1251—1259年在位）在位的时候，又指挥大军南下，准备消灭南宋王朝。

1258年，蒙古大军兵分三路：一路由蒙哥的弟弟忽必烈率领，进攻长江中游；一路由兀良合台率领，进攻西南的云南、广西；蒙哥则亲自率领蒙军主力，以四川和重庆作为战略主攻方向，意欲夺取四川，然后顺江东下与诸路会师，直捣宋都临安（今浙江省杭州市）。然而，令蒙哥和蒙古军队万万没有想到的是，蒙哥不仅没有实现自己占领巴蜀的作战计划，就连性命也丢在了重庆嘉陵江边。这是怎么回事呢？

从地理区位看，重庆正好处在长江上游与嘉陵江的交汇处，是长江上游水上交通的咽喉所在，上连巴蜀、下接荆楚，地理位置十分重要。所以，宋朝时期的重庆已经成为长江上游的一个航运枢纽，从上游出川或者经三峡逆水而上入川，大都会在重庆停留，补充各种给养。当然，在战争年代，重庆军事地位的重要性就更加凸显出来了。

1258年秋，蒙哥率五万蒙古铁骑入蜀，一路势如破竹，迅速攻占了四川盆地的成都，迫近重庆。重庆一拿下，便可通过长江三峡东下，与忽必烈率领的另一路大军会合。南宋朝廷也自然明白重庆地位的重要性，所以，除了对重庆城池进一步加固，还特别加强了重庆北部钓鱼城的防御。

钓鱼城位于重庆市西北五公里左右的钓鱼山上，处于嘉陵江、渠江、涪江三江汇流处，南、北、西三面环水，山势突兀耸立，自古就是重庆向北防御的咽喉重镇。蒙古军队要想占领重庆，必须先过钓鱼城这一关。为加强防御，钓鱼城的军民事先就在钓鱼山上修筑了长达十多里的坚固防御工事。1259年二月，蒙哥率领的蒙古大军到了钓鱼城下，钓鱼城保卫战正式打响。当时的军事实力对比悬殊，蒙古军队有四万之众，而且都是久经沙场的精锐；而守城的士兵不足四千，相当于蒙古军队的十分之一。但就是在这样实力悬殊的情况下，蒙古军队用了近半年的时间也没能把小小的钓鱼城攻破。原因在哪里呢？

我们分析一下攻守双方的优劣条件。对于南宋守军而言，他们有三大防御优势。

一是城防坚固。在战事爆发的20年以前，钓鱼城军民已着手修筑防御工事，使之异常坚固。

二是物资充足。出于防御的需要，钓鱼城提前准备了充足的粮食。同时，城内有大小池塘13个、井92眼，粮食和水源充足。

三是斗志顽强。面对以勇猛著称的蒙古军队，钓鱼城主将王坚与副将张珏毫不退缩，亲临前线指挥宋军和守城百姓，多次与蒙军展开肉搏，一次次击退蒙军如潮水般的进攻，表现出了顽强的斗志和与钓鱼城共存亡的勇气和决心。

而同时，蒙军则有两个作战的不利因素。

一是气候不利。重庆是长江流域著名的"火炉"，一年四季气温都比较高。特别到了夏季，更是炎热、多雨，而蒙古军队习惯了寒冷和干燥的气候环境，对重庆的气候条件极不适应。所以，时间久了，攻城蒙军就出现了身体不适的现象，甚至蒙军中一度疫症流行，严重挫伤了蒙古军队的战斗力。

二是战略失当。在久攻不下的情况下，有人曾向蒙哥建议，留少量军队围困钓鱼城，围而不攻，而以主力绕过钓鱼城直捣重庆。而蒙哥及大多数蒙古将领根本没有把一个小小的钓鱼城放在眼里，况且有蒙哥大汗亲自督战，轻言放弃无异于丢了蒙古大军的颜面！所以，蒙军没有及时调整战略，而是一意攻城，必欲拿下而后快。

这就是说，天时、地利和人和这三个要素，蒙古军队一个都没占。

到了1259年六月，蒙军前锋主帅汪德臣亲自上阵，受伤而死；七月，蒙哥在督师攻城时被飞石击伤，不久死于军中。大汗不在了，进攻四川、重庆的蒙军主力只好撤回北方草原，钓鱼城之战以宋军的胜利而告结束，山城重庆也得以保全。

进攻长江中游的忽必烈得到消息，与宋军草草议和，也急忙返回草原地区，北上争夺汗位。而后，忽必烈与众兄弟之间为了争夺汗位内耗不断，忽必烈夺取汗位后为了巩固政权又花费了好长时间。南宋王朝也因此整整延续了20年的国祚，直到1279年被忽必烈派遣的蒙古大军灭亡。

所以，明朝人邹智曾评价说：

> 向使无钓鱼城，则无蜀久矣！无蜀，则无江南久矣！宋之宗社，岂待崖山而后亡哉！
>
> ——黄廷桂《四川通志》

这段话的意思是说，如果当时没有钓鱼城保卫战的胜利，那么，四川（当时重庆和四川还没有分治）全境早已经丢失了。丢失了四川，则江南不保，宋朝的江山社稷，恐怕不会等到崖山之战失败后才丢掉吧！崖山在今广东新会区南边的海上，1279年，在忽必烈率领的元军打击下，南宋最后一位皇帝——八岁的宋末帝赵昺，在崖山之战失败后被大臣陆秀夫背着跳海而死，南宋灭亡。

一座小城堡，影响了南宋和蒙古政权发展的走向，甚至改变了中国历史发展的进程。从此，钓鱼城这个名字也被载入了青史。

但在血与火的坚守中，有多少人失去了自己的生命？李商隐在长安的妻子毕竟还可以盼到丈夫回归的日子，而多少妻子再也无法盼回自己守卫钓鱼城的丈夫了，这才是真的"君问归期未有期"。

钓鱼城保卫战的胜利，似乎已经使山城重庆光彩无限了。但历史就是这么钟情于重庆，在钓鱼城之战结束600多年后，中国的历史和命运又一次紧紧地与重庆连在了一起。

三、改变山城历史的船王

现代香港，有一个被称作"船王"的华人企业家，名叫包玉刚（1918—1991年）。但他曾经说过："如果卢作孚还健在，就不会有今日的包玉刚。"也就是说，在他眼里，真正的"船王"不是自己，而是一个叫卢作孚的人。

那么，令包玉刚如此敬佩的卢作孚是什么人呢？

卢作孚（1893—1952年），重庆合川人，从小家贫，只有小学文化程度。但他抱着"实业救国"的理想，1926年，多方筹措资金，在重庆的合川挂牌创办"民生实业股份有限公司"，专门经营长江上游的川江航运。民生公司成立时，只有1条船，7名正式员工。但卢作孚以"服务社会，便利人民，开发产业，富强国家"为经营理念，积极开拓市场，10年之后，到1937年，民生公司已经拥有46艘轮船，4000名职工，垄断了川江70%以上的客运和货运业务，创造了长江航运史上的奇迹，卢作孚成为名副其实的长江"船王"。

不过，如果没有另外一次偶然的历史事件，卢作孚也仅仅只是长江"船王"而已，而那次偶然事件改变了卢作孚，同时也改变了重庆的城市命运。

1937年，卢沟桥事变爆发，日本发动了全面侵华战争，北方大片国土迅速沦陷。11月，上海沦陷。眼看国民政府的都城南京危在旦夕，以蒋介石为首的国民政府要员经过紧急商讨做出了一个重大决定：迁都重庆。

为什么要把都城迁到重庆呢？

第一，重庆有天然的长江航道，便于人员和物资的进出。

第二，重庆东有巫山和三峡险阻，北有难于上青天的蜀道险阻，再依托"天府之国"的成都平原，既可以保障都城的安全，又可以与日本侵略者持久作战。

第三，从巴国时期的江州算起，重庆城市发展已历两三千年，具备了一定规模和承载能力。

做出迁都的决定很难，而要完成迁都更是谈何容易！当时，国民政府为数不多的船舰大都用于战争中了，航行在长江上的外国船舰基本上被日本人控制，整个长江航线又都暴露在日本的飞机轰炸之下。就是在这样艰难的背景下，卢作孚以及他的民生公司站了出来。

重庆是卢作孚的家乡，国民政府把都城迁到重庆，当然是卢作孚莫大的荣幸；同时，卢作孚具有强烈的爱国主义情怀，国难当头，更应该具有家国担当。所以，他毅然决然地承担起了协助国民政府迁都的重任。

1937年11月，国民政府的主席林森带领第一批官员，乘坐民生公司的"民风"客轮抵达重庆的朝天门码头，揭开了国民政府正式迁都的序幕。这次迁都采取了逐次迁转的方式，从南京到武汉、宜昌，再到重庆，前后持续三年，到1940年，基本完成迁都重庆的工作。

据统计，在此过程中，民生公司以低廉的价格，承担了90%以上国民政府机关人员、大量的军事和民用工业设备，以及大量科研单位、高校设备和大量珍贵的历史文物的搬迁工作，为抗战胜利保留住了中华民族的血脉，挽救了危难的中国。

而在此过程中，民生公司先后有16艘轮船遭到敌机轰炸、损毁，100多名船员牺牲，为抗战的最终胜利做出了巨大贡献。

由于山城重庆高山阻隔，日本又无法突破三峡防线，就试图通过空袭来摧毁重庆。于是，从1938年春到1944年冬，日本陆海军航空部队联合对重庆进行了长达六年多的狂轰滥炸，史称"重庆大轰炸"。然而，大轰炸不仅没有摧毁重庆人大山一般的精神，反而激发了重庆人钢铁般的斗志，重庆始终是抗战中一面高扬的旗帜，一座威武不屈的英雄城市，直到1945年抗战胜利。之后，国民政府把都城重新迁回南京。

从1937年到1945年这八年间，重庆一直都是国民政府的都城（虽然名义上以"陪都"来称呼），成为全国抗战的中枢和大脑，是全中国乃至全世界关注的焦点。而令卢作孚也没有预料到的是，他的爱国行为不仅拯救了苦难中的中华民族，同时，也帮助他的家乡重庆从一座普通的山城实现了中国城市发展历史上极其罕见的跨越式发展，完成了华丽的转变。

我在这里说三个方面。

第一个方面，城市人口。1937年，重庆城市人口仅有47万多人。八年中，大量外来人口迁入，重庆城市人口迅速增加，到1945年，猛增到将近130万人。随着人口增加，城市规模迅速扩大，基础设施不断完善，重庆在短时间内成为初步具备现代化气息的大都市、全国的政治中心。

第二个方面，工业发展。抗战爆发后，长江中下游的上海、南京、武汉等地大量的军事和民用企业迁入重庆。有资料表明，抗战以前，重庆只有不到100家工厂，10000多名工人。工业基础薄弱，产品质量落后。到1945年，重庆登记的工厂数量将近1700家，占全部大后方工厂数量的28%；工人超过10万人，占大后方工人数量的27%，重庆从一个工业基础薄弱的城市一跃而成为全国的经济中心。重庆的军用和民用工业有力支撑了全国的抗战，成为最终战胜日本帝国主义的坚强保障。

第三个方面，高校数量。据国民政府统计，抗战前，全国专科以上的高校100所左右。抗战期间，大量高校西迁重庆。到抗战结束时，重庆拥有大专院校38所，占全国高校数量的1/3还要多。与此同时，大量仁人志士、作家、艺术家、诗人、哲学家、历史学家等迁入重庆，大大提升了重庆城市的文化素养，使重庆成为全国的文化中心。

四、火火的重庆火火的情

很多熟悉重庆的朋友都知道，重庆被称为雾都、火炉、山城。由于城内道路起伏显著，坡度极大，因此在今天的重庆，你很少能看到自行车，甚至电动车也难以骑行。同时，由于天天爬山坡，土生土长的重庆人得肥胖症的很少，重庆姑娘的身材都很苗条。所以，我国民间流传着这样一句话：

> 到了上海才知道自己的城市太小，到了深圳才发现自己的工资太少，而到了重庆，才后悔自己结婚太早！

当然，这只是一句带有调侃意味的玩笑话。而重庆的另外两样特色也令很多城市艳羡不已。

一样是重庆火锅。很多朋友爱吃火锅，而重庆火锅名气最大。重庆火锅起源于清朝末年的长江、嘉陵江边，起初只是船工、纤夫的餐饮方式。船工、纤夫们常年以船为家，一口铁锅，几副碗筷，就是全部炊具。歇工吃饭的时候，一家人围在一起，往往习惯"连锅闹"。什么意思呢？就是将廉价买来的各种菜和着葱、姜、花椒、辣椒一锅煮，煮熟后，再撒上盐，就成了一道解决基本温饱的大餐。如果奢侈一点，先弄点骨头、动物下水熬汤，再在汤锅里下菜，就可以称得上一顿难得的美味佳肴。这种吃法，简单、暖和、美味、营养，又显得一团和气。所以，后来，本来是船工、纤夫吃的这种火锅经过有心人的改良，在重庆市内的大街小巷开始售卖，其中最受欢迎的是用牛的肚、肺、肝等下水作为锅底，配上花椒、辣椒等各种调料进行熬煮的所谓"毛肚火锅"。在当时的重庆，流行着这样一则关于火锅的童谣，很形象地描述了早期火锅店的情景：

> 街头小巷子，开个幺店子；
> 一张方桌子，中间挖洞子；
> 洞里生炉子，炉上摆锅子；
> 锅里熬汤子，食客动筷子；
> 或烫肉片子，或烫菜叶子；

吃上一肚子，香你一辈子。

——重庆火锅童谣

抗日战争时期，著名史学家、诗人郭沫若来到重庆后，也喜欢上了火锅。1942年，郭沫若过五十大寿，用什么方式庆寿呢？当然是火锅宴。所以，在寿辰当天，郭沫若特意在重庆的天官府备下火锅宴，当时避难重庆的一些知名人物，如著名作家夏衍、著名历史学家胡绳、戏剧界的名流于伶等都来到天官府为郭沫若先生祝寿。后来，随着抗战胜利，大量像郭沫若、夏衍、胡绳、于伶等的社会活动家重新回到内地，艰苦岁月里火锅香喷喷的滋味始终难以忘记，重庆火锅的名声也由此逐渐传扬开去。就这样，重庆火锅风靡全国，甚至走向了世界，成为重庆的一张文化名片。

另一样是山城夜景。由于重庆的房屋建筑都是建在临江的山坡高地，所以，形成了美妙的城市夜景。清乾隆年间，有一首诗很形象地描述了重庆的夜景：

高下渝州屋，参差傍石城。
谁将万家炬，倒射一江明。
浪卷光难掩，云流影自清。
领看无尽意，天水共晶莹。

——王尔鉴《字水宵灯无题诗作》

这首诗的作者叫王尔鉴，是河南卢氏人，雍正年间的进士，富有才华，但在仕途上却很不顺利。乾隆十六年（1751年），因得罪了上司，他从山东济宁知州降职调任巴县知县，来到了重庆。他发现，重庆的民居楼房都依傍起伏的山势而建，高低错落；两江环抱着的石城仿佛一个古体的"巴"字，江面上帆樯林立，百舸争流。每当夜色降临，万家灯火高低辉映，恍如天上的星汉；灯光倒映在江水中则更加显得流光溢彩，水天一色，瑰丽夺目，整座城市似不夜之城。那时候，还没有用上电灯，而王尔鉴笔下的重庆夜景已经如此迷人。徜徉于美丽的山城，王尔鉴逐渐摆脱了低落的情绪，喜欢上了重庆。在重庆任职期间，他搜集重庆的历史文献，编纂了第一本《巴县志》，给重庆留下了珍贵的历史记录；同时，他重新对重庆的自然和人文景观进行定位，总结出了重庆的"巴渝十二景"，而上面那首诗里描述的重庆夜景则用"字水宵灯"进行概括，成为重庆著名的景色之一。今天，在朝天门码头观赏夜景已经成了外地游客到重庆旅游必不可少的一道"大餐"。

　　李商隐的"巴山夜雨"被重庆人用"拿来主义"的方式加以改造，为城市营造出了诗情画意般的意境；而抗战爆发则使重庆成为国民政府的临时都城。不过，透过许多看似偶然、带有运气的因素，我们会发现，在重庆城市发展的历史上，始终有一个必然的、客观的因素在左右着城市发展的进程。而这个必然、客观的因素就是长江。无论是雾都、火炉、山城、陪都，还是巴山夜雨、重庆火锅、山城夜景、重庆美女，这些中国文化中的重庆元素都是长江赐予重庆、赐予中国的礼物。有了这些赐予，重庆才显得既古老，又现代；虽偏处内陆，却大气包容。重庆人也因此养成了热情、豪爽、坚韧、乐观的个性，重庆这座城市也才显得那么与众不同，那么令人景仰。

　　请看下一章：关羽大意失荆州！

第三章
关羽大意失荆州

1. 战国晚期，带领大军灭掉楚国的秦国大将是_____。

    A. 蒙骜　　　　　B. 李牧　　　　　C. 白起　　　　　D. 王翦

2. 下面不属于屈原的作品是_____。

    A.《天问》　　　B.《九辩》　　　C.《九章》　　　D.《九歌》

3. 历史上，曾经"问鼎中原"的楚王是_____。

    A. 楚成王　　　　B. 楚庄王　　　　C. 楚怀王　　　　D. 楚昭王

4. 东汉末年，关羽镇守荆州多年。下面与关羽有关的描述中，不正确的是_____。

    A. 单刀赴东吴宴会　　　　　　　B. 请神医华佗为自己刮骨疗毒

    C. 孙权曾试图为儿子迎娶关羽的女儿　　D. 在荆州前后镇守了10年

5. 历史上，荆州的称谓有不少。下面不属于荆州称谓的是_____。

    A. 郢都　　　　　B. 江陵　　　　　C. 江夏　　　　　D. 南郡

   注：以上皆为单选题，参考答案附在本书末。

开篇的诗

咏荆州①

风云际会兮古荆州,楚国三国兮战不休②。

得失成败兮浪淘去,道德精神③兮永存留。

【注】

①荆州:湖北省地级市,位于长江中游,简称江陵、郢都,是荆楚文化的重要发源地。

②战不休:荆州作为郢都,曾经见证了春秋时期的吴楚争霸、战国时期的秦楚之战,以及三国时期魏、蜀、吴之间的战和博弈。

③道德精神:爱国诗人屈原、大义参天的关羽等都曾在荆州留下很多传奇故事。他们的道德精神已经成为中华民族的宝贵文化财富。

唐代大诗人李白25岁那一年,离开老家四川,沿长江而下,开始了人生的第一次漫游。李白于759年留下了这样一首诗:

朝辞白帝彩云间,千里江陵一日还。

两岸猿声啼不住,轻舟已过万重山。

——李白《早发白帝城》

这首诗写李白乘着一叶扁舟顺江而下的情景,十分舒畅、轻快,是李白脍炙人口的一首诗。在这首诗中,李白提到了长江沿岸的两个城市名称,一个是出发地白帝,一个是目的地江陵。所谓白帝,就是今重庆市奉节县的白帝城,是守卫巴蜀的门户,三峡大坝建成后,白帝已经成了江中的一座岛城。

江陵，就是荆州，古称江陵。李白的这首诗就创作于其在江陵停留期间，后来流传很广，影响也很大，诗中提到的这两座城市也因此知名度很高。李白为什么特意提到这两座城市呢？

在当时，白帝城和江陵是连接三峡上下游的两个重要节点城市，古代人在长江航行，下行的话一般都会从白帝城出发，过三峡后在江陵停留，而后进入荆楚大地；而上行的话，一般则从江陵出发，经宜昌，过三峡，到白帝城停留，再进入巴蜀地区。李白把白帝城和江陵并提，还因为历史上曾经发生了一件重大的事，把这两座相隔千里的城市关联在了一起。

一、关羽大意失荆州

东汉末年，诸侯争霸，刘备在北方地区屡次被曹操打败，不得已逃到了荆州。建安十二年（207年），刘备三顾茅庐，在南阳的隆中见到了他生命中最重要的人——诸葛亮。两人一见如故，诸葛亮为刘备谋划了未来霸业的发展方向，分析了天下形势：北方的曹操占有中原广大地区，拥有百万之众，刘备绝不是曹操的对手；东南的孙权承继孙坚、孙策父兄的基业，基础牢固。因此，刘备应该联合孙权，共同对付曹操。然后，诸葛亮说道：

> 荆州北据汉、沔，利尽南海，东连吴会，西通巴、蜀，此用武之国。
>
> ——《三国志·诸葛亮传》

荆州位于长江中游，北面有汉水和沔水可以据守，南面可以直通南海，发展海上贸易，东边连着孙权的吴地，西边通过长江直接连通四川盆地的巴蜀地区，向来都是兵家必争之地，战略地位十分重要。基于这种分析，诸葛亮为刘备的霸业设计了发展蓝图，分两步走。

第一步，占据荆州和益州（以成都为核心的四川盆地），即占据长江的上游和中游地区，以此作为霸业的基础，形成鼎足三分之势。

第二步，对内发展经济、积蓄军事力量，对外与孙权搞好外交关系，等待时机成熟后，兵分两路，一路由荆州北上进攻南阳、洛阳，一路由成都北上进攻关中平原的长安。这样就可以打败曹魏，成就霸业，复兴汉室。

这个策略立足现实，高瞻远瞩，备受刘备的推崇，后来刘备的霸业的确就是按照诸葛亮策划的方向向前推进的。赤壁之战后，刘备既成功占据了荆州，又成功夺取了益州。但关键的第二步出了问题。问题出在哪里呢？出在关羽身上。

为了夺取益州，刘备、诸葛亮、张飞、赵云等先后入川，荆州的最高指挥权就交给了关羽，让关羽做了荆州牧。当时的荆州地盘很大，包括今天以荆州为中心的河南省、湖北省、湖南省的部分地区，关羽控制着荆州西部的大部分地区，孙权控制着荆州东部和南部的部分地区，还有少部分地盘控制在曹操那里。这就意味着，荆州处于魏、蜀、吴三国的金三角地带，是三方矛盾的集中点，形势十分复杂。所以，诸葛亮在《隆中对》中为荆州确立的战略思想一是外结好孙权，二是等待时机。可惜的是，这两点，关羽都没有做到。

首先，关羽一再激化与孙权的矛盾，并且两次羞辱孙权。

第一次，孙权求婚受辱。史书记载：

先是，权遣使为子索羽女，羽骂辱其使，不许婚，权大怒。

——《三国志·关羽传》

这段话是《三国志》里的记载，孙权为了搞好和关羽的关系，以便腾出手来和曹操争夺安徽合肥一带的地盘，派出使节到荆州为儿子求婚，希望迎娶关羽的女儿。没想到，关羽不仅不许婚，还把婚使大骂一顿。怎么骂的，史书上没有说，而《三国演义》里说关羽骂了这样一句话："吾虎女安肯嫁犬子乎?"听了这话,无怪乎贵为吴侯、自尊心很强的孙权会勃然大怒。

第二次,关羽用家乡话羞辱孙权。关羽进攻樊城时,曾经请求孙权出兵相助,孙权也答应了,但因形势不明朗,孙权故意拖延了出兵时间。关羽为此大怒,当着孙权使者的面骂了这样一句话:

貉子敢尔,如使樊城拔,吾不能灭汝邪!

——郝经《郝氏续后汉书》

你小子敢这样!如果我打下樊城,下一个灭掉的就是你孙权!

关羽的霸气和不可一世显露无遗,"貉子"二字我们得说明一下。关羽的家乡在山西的解州,也就是今天山西省的解县,属于北方地区。关羽后来跟随刘备来到了南方的荆州,但他的语音应该还是北方的,生活习惯也应该是北方的,当生气骂人的时候,当然还会不由自主地用家乡话来骂。现在仍然是这样,中国人都明白的骂是"国骂",而不同区域、不同方言里又有多种多样的"地方骂"。古代也是这样,关羽骂孙权的"貉子"翻译成现代话就是"狐貉的儿子、龟儿子、龟孙子"等类似的意思。因为在关羽看来,江东人未开化,是南蛮,类似于野人。其实,这是当时中原人对南方人的普遍看法。因为在当时,南方地区经济文化总体上落后于北方的确是一种现实。

《世说新语·惑溺》里还记载了这样一个故事。孙权的后代孙秀投降晋朝后,娶了一位中原女子为妻子。有一次,夫妻两个人闹矛盾,妻子骂孙秀为"貉子",气得孙秀好几天不跟妻子说话。后来,还是妻子向他道了歉,他们才重归于好。这说明"貉子"这句辱骂的话,即使在夫妻之间也会引起激烈的矛盾。所以,身份尊贵的吴侯孙权听了关羽这话是万万不能接受的,是忍不了的。关羽一再激怒孙权,完全不把孙权放在眼里。这一系列行为就为孙权下决心谋夺荆州埋下了伏笔。

其次,关羽在时机不成熟的情况下贸然出兵伐曹。关于出兵的时机,诸葛亮在《隆中对》中用了四个字"天下有变"。这个"变"是什么？当然是曹魏内部出了变故，或者说争权夺利、内部争斗，或者说曹操死了，失去了强大的竞争对手。但是，关羽出兵时曹操不仅健在，而且内部也没出什么问题。关羽虽然凭借自己的勇猛水淹曹操七军，擒于禁、斩庞德，威震华夏，吓得曹操甚至要迁都。但接下来，曹操利用关羽与孙权的矛盾，以荆州地盘做诱饵，让孙权出兵，趁机在关羽的背后插上一刀。孙权下令让他的部将吕蒙和陆逊合谋袭取荆州，关羽猝不及防，丢失荆州，败走麦城，在临沮被吴将捕杀。

这个故事衍化出一个成语典故"大意失荆州"，比喻因疏忽大意而导致失败或造成损失。其实，分析关羽失荆州的全过程，从深层次来讲，在于他对不同文化差异的认识不足。结果，既没有结好孙权，又贸然出兵，腹背受敌，最后的失败也是注定的。

关羽大意失荆州最终导致诸葛亮《隆中对》第二步战略落空。《隆中对》策略本来是要两路出兵，荆州一丢，只好变成一路出兵。所以，后来诸葛亮六出祁山，尽管凭借自己高超的智慧取得了一些胜利，但已经不足以实现复兴汉室的宏伟蓝图了，自己也病死在五丈原。后来，杜甫用"出师未捷身先死，长使英雄泪满襟"，来表达对关羽和诸葛亮悲剧人生的深深遗憾。

关羽失去荆州不仅造成了自己人生的悲剧，还导致了蜀汉统一全国的梦想破灭。这反映了什么？反映出古代荆州地位的重要性。

其实，由于古代荆州扼长江航运咽喉，又是南北陆路交通枢纽，一直都是历代军事争夺的焦点，围绕荆州的得与失曾经展开过激烈的争夺，而关羽也不是第一个失荆州的人。那么，除了关羽之外，谁还曾失去过荆州？又带来了怎样的后果呢？

我们先说一个楚平王失荆州的故事。

二、楚平王昏聩失荆州

楚平王（？—前516年）是春秋晚期楚国的国君。楚国是春秋战国时期的一个大诸侯国，公元前689年，楚国（楚文王，前690—前675年在位）把都城迁到了郢（现荆州市荆州区纪南城），历20代楚王，定都长达411年。楚庄王（前613—前591年在位）在位时楚国的政治、军事实力达到了一个高峰，楚庄王曾经带领楚国大军从荆州出发，一路打到东周的国都洛阳城下，"问鼎中原"，成为春秋五霸之一。后来，诸葛亮在《隆中对》中谋划的两条进攻曹魏的路线，其中一条就是打算沿着当年楚庄王"问鼎中原"的路线从荆州进攻洛阳的。

不过，到了春秋末期，楚平王在位时郢都发生的一件事，使楚国丢失了荆州，而且差点给楚国带来灭顶之灾。

巧合的是，攻占荆州的部队也来自长江下游的吴地，但带领这支部队的人换成了伍子胥。伍子胥（？—前484年）名员，字子胥，是春秋末期很有名的政治家、军事家，曾经辅佐吴王阖闾、夫差，成就了吴国的霸业。但伍子胥的家乡却在楚国，他本来是楚国椒邑（今湖北省监利市）人，怎么到了吴国呢？

楚平王在位时，伍子胥的父亲伍奢为太子建的太傅，是楚王身边的红人。人太红了就遭人忌恨。有一个叫费无忌的大臣为了离间楚王与伍奢的关系，就在楚平王跟前进谗言，诬陷太子建谋反。太子建被废，伍奢也牵连其中。费无忌很阴险，为了斩草除根，不留后患，他对楚平王说："伍奢有两个儿子，一个叫伍尚，一个叫伍员，都有才干，不杀掉他们，他们将成为楚国的祸患。可将伍奢作为人质押在宫廷，然后派人以伍奢的名义将伍尚和伍员召来，一同杀掉。"楚平王就对伍奢说："你若将你的两个儿子召来可免你一死，不然，性命难保。"伍奢则对楚平王说："我大儿子伍尚为人仁厚，听说父亲召唤，一定会来。而伍员为人胆大心细，能成大事，他料到来后会一起被擒，一定不会来。"果然，当楚平王派人召伍奢的两个儿子时，伍尚要去，伍子胥说："楚王召我兄弟，并不是为了让父亲活命，是怕我们逃脱后成为祸患，所以拿父亲作为人质，假意召我兄弟俩。我兄弟俩一到，不仅救不了父亲，我们父子三人还会一起被杀。束手待毙毫无意义，我们不如投奔别的国家，借他国的力量将来为父亲报仇雪恨。"伍尚说："我知道应召前去可能无法保全父亲的性命，但我总不能眼睁睁看着父亲被害，到头来岂不被天下人耻笑！"于是，他对伍子胥说："你赶快逃走吧，如果我和父亲真的遇害了，你还有机会报杀父兄之仇，这样，即使死我也安心了。"就这样，伍尚入宫，和父亲一同被害，而伍子胥则逃离了郢都，千里迢迢来到了吴国的都城苏州，成为吴国的重臣。

当时，吴国占有长江下游，楚国占有长江中游，两个诸侯国都想独霸长江流域，所以，两国之间的冲突不断。吴王阖闾在位时，伍子胥和著名军事家孙武（《孙子兵法》的作者）成为吴王阖闾的左膀右臂，吴国逐渐强大起来。伍子胥尽管身在苏州，但一直没有忘记父兄家仇。所以，在吴国忍辱负重多年后，公元前506年春天，吴王阖闾就在伍子胥和孙武的协助下，派出大军沿着长江逆流而上进攻楚国的都城郢都。此时，楚平王在10年前已经去世了，在位的是楚平王的儿子楚昭王（前516—前489年在位）。楚昭王虽然组织军队进行了顽强的抵抗，但怎么可能抵挡住孙武和伍子胥的联合进攻呢？所以，当年秋天，吴军攻入郢都，楚昭王仓皇出逃。

杀害自己父兄的楚平王已经去世，楚昭王又逃出了郢都，怎么泄愤呢？伍子胥找到了荆州城外楚王的墓地，掘开楚平王的坟墓，挖出尸体，抽打了三百鞭才罢休。然后，他继续寻找楚昭王，打算一举灭掉楚国而后快。

伍子胥是楚国人，却为了泄私愤要灭掉楚国，有人就觉得伍子胥做过了头，对伍子胥的行为看不惯了，这个人叫申包胥。

申包胥与伍子胥是发小，青少年时期又是挚友。伍子胥逃出荆州时，还特意见了申包胥一面。当时，他对申包胥说："如果我的父兄被害，我一定要报仇雪恨,毁灭楚国。"而申包胥则不同意把家仇和国恨对等起来,回应了伍子胥一句话:"果真出现这种情况,对不起,我一定要拯救楚国。"当伍子胥和吴国大军攻入郢都后,身为楚国大夫的申包胥逃到了秦国,向秦国求救。秦哀公惧怕伍子胥和孙武的名声,没有轻易答应。申包胥就痛哭不已,一直哭了七天七夜。秦王担心吴国势力会趁机坐大,威胁秦国,同时又感动于申包胥的行为,就对申包胥说:

楚虽无道,有臣若是,可无存乎!

——《史记·伍子胥列传》

楚王虽残暴,但有像这样的臣子,怎能不保存楚国呢?于是,秦王答应出兵救楚。这时候,吴王阖闾的弟弟夫差趁阖闾领兵在外,自立为王,吴国后院起了火,阖闾无心恋战,所以,撤离楚国。楚国在秦国的帮助下复国,楚昭王重新回到了郢都。

这个事件发生在关羽失荆州700年以前,虽然丢掉荆州的是楚昭王,但真正对丢失荆州负责任的应该是楚平王。这次失荆州还给荆州带来了一场大劫难。史书记载,吴军占领荆州后:

坏宗庙,徙陈器,挞平王之墓……君居其君之寝,而妻其君之妻;大夫居其大夫之寝,而妻其大夫之妻;盖有欲妻楚王之母者。

——《春秋谷梁传》

毁坏宗庙,抢走宫殿神器,掘墓鞭挞楚平王尸体,奸淫妇女,祸及无辜,无所不用其极,使荆州遭受一次空前的浩劫。而报了仇、泄了恨,快意恩仇一番的伍子胥随着吴王阖闾返回吴国后,一心一意帮助吴国在长江下游建立霸业,再也没有返回楚国的都城郢。22年后(前484年),伍子胥就像当年他的父亲一样被吴王夫差身边的一个佞臣伯嚭诬陷,被糊涂的吴王夫差赐死在苏州,同样落得个悲剧的下场。

伍子胥夺荆州 200 年以后发生的一系列事件则不仅使楚国再次失去了荆州,而且间接导致了楚国的灭亡。

三、屈原以死荐荆州

这次失荆州已经到了战国晚期,而见证这次失荆州全过程的是我国历史上伟大的爱国主义诗人屈原(约前 340—前 278 年)。屈原是楚国丹阳(今湖北省秭归县)人,这个时候,楚国已经重新崛起,长江下游的吴国和越国也被楚国吞并,楚国成为战国七雄中地盘最大的一个诸侯国,实力足以和秦国抗衡。而楚国的都城郢都也成为长江中下游地区的政治中心,经济发达、人口众多,史书记载:

楚之郢都,车毂击,民肩摩,市路相排突,号为朝衣新而暮衣弊。

——桓谭《新论》

郢都的街道上车碰车,人挤人,交通经常阻塞。早上穿着新衣服出门,在大街上逛一天,到了晚上回家,衣服就挤破了。当然,这可能有点夸张,一方面说明人多,另一方面也许衣服不结实,老百姓的衣服都是麻衣,王公贵族的丝绸衣服应该没问题。

屈原富有才华,21 岁(前 319 年)的时候,进入楚国的国都郢,升任楚国的左徒(辅助国君处理内政、外交的高级官员),步入仕途。屈原在郢都从政时,楚国的国君是楚怀王。怀王在位前期,尚能励精图治,他对屈原也十分器重。史书记载屈原:

> 博闻强志，明于治乱，娴于辞令。入则与王图议国事，以出号令；出则接遇宾客，应对诸侯。王甚任之。
>
> ——《史记·屈原贾生列传》

屈原有知识，有治理国家的才能，又有好口才。经常与楚王共议国事，处理外交事务，深得楚怀王信任。屈原满怀信心，希望能够帮助楚怀王富国强兵，甚至完成统一全国的大业。但到了怀王统治的后期，楚怀王在政治、军事和外交上屡屡犯错。最大的错误发生在楚怀王三十年（前299年）。这一年，秦国攻打楚国，占领了楚国八座城池，楚国一片惊恐。而这个时候，秦昭襄王偏偏停止了攻击，给楚怀王写了封信，提出在秦楚两国交界秦国一方的武关（今陕西省商洛市）会盟，希望重修旧好，并答应只要楚怀王参加会盟，愿意奉还先前攻占楚国的八座城池。关于是否要参加武关会盟，楚国内部君臣之间产生了意见分歧。

一派以屈原为代表，认为秦国刚刚占领楚国八座城池，在秦楚战争中正处于有利地位，秦昭襄王突然提出武关会盟，一定别有用心，不能赴约。另一派以楚怀王的小儿子公子子兰为代表，认为秦国强大，不赴武关之盟明显会惹怒秦国，招来更大的军事打击，应该赴约。最终，楚怀王竟然天真地相信了秦昭襄王信中所说的话，只带了少数随从亲赴武关。

正如屈原所料，武关会盟纯粹是秦昭襄王的阴谋，秦昭襄王本人根本没有到武关。等到楚怀王到了武关后，秦国事先埋伏好的军队挟持了楚怀王，并把他押到了咸阳。到了咸阳，秦昭襄王便要求楚怀王答应割"巫、黔中"诸郡（也就是今天四川省、重庆市以及贵州省中部一带）给秦国。楚怀王还算有骨气，一面斥责秦昭襄王破坏了诸侯会盟的规矩，一面则坚决拒绝了秦王割地的要求。秦昭襄王看要挟不成，就把楚怀王软禁在了咸阳宫。三年之后，即公元前296年，在郁郁寡欢中，楚怀王客死咸阳。

这个事件像一把刀一样深深刺痛了屈原的心。他明知道自己的君王此去有危险,又不能阻止,最终使国家蒙受了奇耻大辱。楚怀王被劫持到咸阳后,怀王的儿子横被立为顷襄王,与屈原政见不合、矛盾很深的公子子兰做了令尹,掌握大权。不久,屈原便被免职贬出郢都,流放时间长达18年。

屈原是带着忧虑、带着满腔的不舍被迫离开荆州的。所以,在他流放的18年里,他一方面时刻牵挂着荆州与楚国的前途和命运,另一方面则亲眼观察民间的疾苦,写下了忧国忧民的《离骚》《天问》《九歌》等不朽诗篇。他在《离骚》中这样表达对黎民百姓的关切:

长太息以掩涕兮,哀民生之多艰。

——屈原《离骚》

屈原总是心系黎民百姓,把百姓的疾苦放在心上,体现出十分朴素的民本主义思想。他还说:

亦余心之所善兮,虽九死其犹未悔!
…………
路曼曼其修远兮,吾将上下而求索。

——屈原《离骚》

为了实现使楚国富强、人民安居乐业的政治理想,屈原上下求索,矢志不渝,虽九死而无悔!

不过,屈原的良好愿望未能改变楚国江河日下的局势。楚顷襄王二十一年(前278年),秦国大将白起率领百万大军攻下了郢都,楚顷襄王仓皇逃往陈城(今河南省淮阳县)。屈原得到消息,极度悲伤。他似乎看到了楚国的灭亡,于是,在绝望之下于农历五月初五自投汨罗江,结束了他62年的生命历程。

屈原去世后 55 年，即公元前 223 年，秦国大军再次攻占郢都，楚国灭亡。

四、不凡的荆州

由于特殊的地理位置，历史上的荆州是一块风云际会的神奇土地，历史上那么多得失事件曾经在荆州上演，那么多风流人物曾经在荆州的舞台上上演一幕幕得失成败、悲欢离合的话剧。荆州真正成了一座不凡的城市。那么，这些历史事件和历史人物的活动又给荆州留下了怎样的历史印迹，又有多少文化遗产成了中华文明中的宝贵元素呢？

首先，荆州是荆楚文化的发源地。荆楚文化是长江三大区域文化（巴蜀、吴越和荆楚）之一，而且在三大区域文化中，荆楚文化起源时间早、范围广、影响大。荆楚文化的特色是什么？史学家班固在《汉书》中对早期荆楚文化的特色有这样的描述：

> 楚有江汉川泽山林之饶。……不忧冻饿，亦亡千金之家。信巫鬼，重淫祀。
>
> ——《汉书·地理志》

说楚国有川泽山林，物产丰富。老百姓不担心受冻挨饿，但是，商品经济不发达，也没有千金之家，"信巫鬼，重淫祀"是楚国老百姓的民间传统信仰。为什么会形成这种信仰呢？因为，在楚国广大老百姓的心目中，万物有灵，人死了会变成鬼，仍然会影响到世间的人和事。这种风俗与中原和齐鲁大地孔子所提倡的"敬鬼神而远之"的风俗完全不同，这也是黄河文化与长江文化的差异。这种民俗风情直接影响到了伍子胥、屈原和关羽的身后评价。

其次，荆州是端午节文化的发源地。端午节即每年的农历五月初五，这是我国重要的传统节日。节日里，人们吃粽子、赛龙舟。关于这个节日的来源，有多种不同的说法，其中有两种说法都与荆州有关。

一种说法在江浙一带很流行，传说端午节是为了纪念伍子胥的。伍子胥对吴国忠心耿耿，但晚年却遭到吴王夫差疏远，在公元前484年五月初五，夫差赐剑令他自尽，并把伍子胥的尸体装在皮革里沉于钱塘江。老百姓哀怜他，就为他立祠，并在每年的五月初五，在江中划龙舟、食粽子，以后相沿成俗。但在荆楚文化里，他们怎么也无法接受伍子胥与端午节相连的这种说法。

荆楚文化哺育了伍子胥，他的才干也都来自荆楚文化的熏陶。但他身为楚国人却把家仇变成了国恨，因为要报家仇而夺荆州、鞭楚王，甚至差点灭掉楚国。对于伍子胥的这种做法，历史上向来就有截然相反的两面评价：肯定他的，把他看作才能卓越、敢爱敢恨、快意恩仇的一世英雄；否定他的，则认为他的所作所为有违传统道德，是倒行逆施。明代大儒邵宝就曾这样说：

孝知有亲而不知有国，卒之毒流宗社，不亦甚哉！
——邵宝《学史》（卷一）

说伍子胥一辈子就记着父兄被害，因为仇恨一个杀害他父兄的国君而不惜引狼入室试图灭掉整个楚国，眼里只有家而没有国，给后代留下了很恶劣的影响。我很认同邵宝的看法。荆州的老百姓也有他们自己的是非观念。所以，今天，荆州很少留下伍子胥的文化遗迹。

相反，屈原呢？屈原生前一直为楚国的前途和命运担忧，为楚国老百姓的生活担忧，对楚国的大爱、对楚国百姓的关心达到了无以复加的地步。屈原怀着满腹的绝望和不舍自沉汨罗江而死后，"信巫鬼，重淫祀"的荆楚百姓当然认为屈原死后的灵魂难以得到安宁。于是，在屈原去世后的每年的五月初五，也就是端午这一天，荆楚老百姓就自发划着龙舟到汨罗江上，以竹筒盛米投江祭之，让屈原在九泉之下得到安息。到了东汉，荆楚地区已经形成了纪念屈原的各种活动：家家户户包粽子，赛龙舟。到了唐代，纪念屈原

的活动上升到国家层面,端午节正式成为全国性的大节日。唐代诗人文秀有诗云:

> 节分端午自谁言,万古传闻为屈原。
> 堪笑楚江空渺渺,不能洗得直臣冤。
>
> ——文秀《端午》

纪念屈原逐渐成为端午节的核心。

最后,荆州是关羽文化的发源地。和屈原的情形类似,关羽214年领荆州牧,他率领老百姓修筑城池,发展经济,操演军队;闲暇之余,苦读《春秋》;攻樊城水淹七军,威震华夏;受了箭伤之后,回荆州疗养,请神医华佗为自己刮骨疗毒。关羽在荆州的所作所为,给当地百姓留下了深刻印象。所以,在关羽去世之后,荆州当地的老百姓就开始为关羽建祠,敬奉关羽。到了隋唐时代,关羽已经成了荆州的地方保护神。当年李白从白帝城沿江而下到江陵的时候,荆州城内有关羽祠、关羽庙,荆州西北的当阳玉泉寺里有关羽的牌位。到了元末明初,罗贯中的《三国演义》问世后,关羽从一个军事上的失败者,变成了一个忠、义、信、勇的典范。

他一生对刘备忠诚不渝,即使投靠曹操也明确表示"降汉不降曹";桃园三结义后与刘备、张飞誓同生死,一生不弃不离,大义参天。关羽的信、义更是无处不在:投靠曹操时,说要立功报效曹操后再离去,后来果然斩了颜良、诛杀了文丑后才离开;与黄忠对战,黄忠马失前蹄,关羽竟让他换马再来战。关羽的勇猛更是《三国演义》中最深入人心的描写所在,温酒斩华雄、过五关斩六将、单刀赴会、水淹七军等都给人留下了不可磨灭的印象。书中把关羽塑造为至忠、至义、至信、至勇集于一身的完人、圣人和神人。

清初史学家赵翼记载:

今且南极岭表，北极寒垣，凡儿童妇女，无有不震其威灵者。香火之盛，将与天地同不朽。

——赵翼《陔余丛考》

有史料记载，到了明清时期，全国各地几乎村村有关帝祠庙，关帝祠庙的数量几乎是孔庙、文庙数量的几十倍，甚至上百倍。历代帝王为旌表关羽的忠义，不断加封，"侯而王，王而帝，帝而圣，圣而天"，最后再无以复加了，就使关羽成了神，成了上至帝王将相、下至士农工商都顶礼膜拜的神圣。而根据史料记载，在所有的关羽祠、关羽庙中，荆州的关羽祠和关羽庙是修建最早、规模最大、香火最盛的。

忠、义、信、勇是儒家推崇的道德标准，更是中华民族道德意识的提炼和升华。关羽的所作所为，使人们仰慕关羽、崇拜关羽，而崇拜关羽使忠、义、信、勇的道德标准更加深入人心，外化为万千百姓的理想、行为和追求，不断净化着中华民族的文化。而归根结底，关羽文化起源于荆州，是荆楚大地带给中华民族的宝贵精神财富。

在这一章里，关羽、屈原、伍子胥在面对家与国、生与死的矛盾时面临的选择给中国人提出了一个永恒的命题，后代人又是如何回答这个命题的呢？

请看下一章：岳阳楼上观岳阳！

第四章

岳阳楼上观岳阳

城市文化自测题

1. 岳阳楼的前身是一座阅军楼,主持建造的是三国时期的_____。

   A. 周瑜　　　　　B. 鲁肃　　　　　C. 诸葛亮　　　　D. 关羽

2. 唐朝很多诗人都曾登临岳阳楼并留下珍贵的诗作,"昔闻洞庭水,今上岳阳楼"出自_____。

   A. 孟浩然　　　　B. 白居易　　　　C. 李白　　　　　D. 杜甫

3. 范仲淹也曾留下一些诗作赞美岳阳。下面诗句里,属于范仲淹作品的是_____。

   A. 欲为平生一散愁,洞庭湖上岳阳楼　　B. 青草湖平两岸水,岳阳楼对三吴州

   C. 楼观岳阳尽,川迥洞庭开　　　　　　D. 回思洞庭险,无限胜长沙

4. 下面关于《岳阳楼记》成文过程的陈述中,不正确的是_____。

   A. 范仲淹与滕子京同年考中进士

   B. 滕子京给范仲淹写了一封求记的亲笔信

C. 滕子京给范仲淹送去了一幅《洞庭晚秋图》供参考

D. 滕子京给范仲淹送去了50两纹银作为润笔费

5. 江南三大名楼不包括_____。

    A. 岳阳岳阳楼   B. 宣城谢朓楼   C. 武汉黄鹤楼   D. 南昌滕王阁

注：以上皆为单选题，参考答案附在本书末。

开篇的诗

咏岳阳①

《岳阳楼记》②千古传，忧国忧君忧黎元。

洞庭湖③水八百里，渔歌犹唱范仲淹④。

【注】

①岳阳：湖南省地级市，位于长江中游的洞庭湖畔。古称巴陵、岳州。

②《岳阳楼记》：北宋文学家范仲淹的散文作品，以"先天下之忧而忧，后天下之乐而乐"传诵后世，被选入中学教科书。岳阳楼：始建于三国时期的吴，与黄鹤楼、滕王阁并称为"江南三大名楼"。

③洞庭湖：位于长江中游荆江南岸，古称云梦泽，因湖中有洞庭山（今君山）而得名，古代号称"八百里洞庭"。

④范仲淹：北宋思想家、政治家、文学家，曾参与庆历新政，有《范文正公文集》传世。

很多朋友不一定到过岳阳，但很少有人不知道岳阳楼的大名；很多朋友也许没登上过岳阳楼，但很少有人不知道范仲淹（989—1052年）的名篇《岳阳楼记》：

庆历四年春，滕子京谪守巴陵郡。越明年，政通人和，百废具兴。乃重修岳阳楼，增其旧制，刻唐贤今人诗赋于其上，属予作文以记之。

予观夫巴陵胜状，在洞庭一湖。衔远山，吞长江，浩浩汤汤，横无际涯，朝晖夕阴，气象万千，此则岳阳楼之大观也，前人之述备矣。然则北通巫峡，南极潇湘，迁客骚人，多会于此，览物之情，得无异乎？

……不以物喜，不以己悲……"先天下之忧而忧，后天下之乐而乐"乎！

——范仲淹《岳阳楼记》

《岳阳楼记》仅368个字，却用"衔远山，吞长江，浩浩汤汤，横无际涯"等简洁明快的语言把烟波浩渺的洞庭湖描绘得跃然纸上；用"不以物喜，不以己悲"八个字将迁客骚人的复杂情感表达得淋漓尽致；特别是结尾处的"先天下之忧而忧，后天下之乐而乐"更让人感受到了作者作为杰出政治家的济世胸怀和忧患意识，充分体现了语言美、意境美、人格美。读来余味无穷，无愧千古名篇。

这篇文章创作于北宋时期，时间已经很久远了，岳阳楼也已经成为岳阳的文化名片。不过，围绕这篇文章与岳阳的关系却给后人留下了很多谜团。其中一个很有意思的问题是：很多学者认为，作者范仲淹创作这篇美文之前，他本人并没有到过岳阳，也没有亲自登上过岳阳楼。真的是这么回事吗？

一、岳阳楼的前身

要弄清楚事情的真相，还得从岳阳楼的来历说起。

岳阳楼的前身是一座阅军楼，是孙权的大将鲁肃所建。鲁肃这个人在《三国演义》里多次出现，大家对他都不陌生。鲁肃为什么要建这座阅军楼呢？

东汉末年（208年），赤壁大战爆发，曹操被孙权和刘备组成的联军打败，退回中原地区。刘备用诸葛亮之计巧夺荆州，然后，派关羽镇守。关羽号称"万人敌"，十分勇猛，威震华夏。而荆州的东南就是孙权控制的岳阳，关羽就对岳阳构成了威胁。岳阳：

北通巫峡，南极潇湘。

——范仲淹《岳阳楼记》

岳阳位于长江中游南岸，八百里洞庭湖与长江的交汇处，向西北直通长江上游的巫峡、巴蜀，向南通过洞庭湖、湘江连接湖南、广东，水上交通十分便利，战略地位异常重要。

所以，东汉建安二十年（215年），孙权派鲁肃率众万人镇守岳阳，当时叫巴丘，以防关羽的荆州兵。鲁肃到巴丘后，一面筑巴丘城，一面在西城门修了一座高大的谯楼，命名为"阅军楼"。阅军楼之下就是浩瀚的洞庭湖，而修建阅军楼的目的是训练水军时检阅水军。这座阅军楼就是岳阳楼的前身。但三国之后，魏晋南北朝及隋朝，在长达数百年的时间里，这座阅军楼并不为世人所知。为什么？

因为阅军楼是出于军事需要修建的，是军事重地、禁地，一般的老百姓是无法靠近的。那么，什么时候，岳阳楼开始为世人所知呢？

到了唐代，社会逐渐安定，经济富庶，百姓殷实，全国一派歌舞升平的气象，洞庭湖不再需要训练水军，阅军楼也就没有必要再继续作为军事禁区了，开始对官僚士绅及普通百姓开放。这里不仅可以饱览八百里洞庭，还可以俯瞰岳阳城全景，所以，迅速成为人们登临游览的胜境。当地老百姓和外来的游览者也逐渐习惯把这座阅军楼称为岳阳楼了。

岳阳楼自唐代向百姓开放后，有大量文人雅士到这里参观游览，唐朝诗人张说、孟浩然、李白、杜甫、白居易等大量诗人都曾登临岳阳楼，留下了不少名篇佳作。

唐乾元二年（759年）的春天（三月），李白流放夜郎途中，到三峡巫山的时候遇到朝廷大赦，他也在赦免之列。于是，李白沿江而下，不久来到了岳阳，并怀着喜悦的心情与一个姓夏的朋友一同登上岳阳楼观景，留下了这样一首诗：

楼观岳阳尽，川迥洞庭开。

雁引愁心去，山衔好月来。

云间连下榻，天上接行杯。

醉后凉风起，吹人舞袖回。

——李白《与夏十二登岳阳楼》

这首诗是李白晚年的作品。诗歌表现了诗人在岳阳楼上尽览岳阳城和洞庭湖风光，并看到鸿雁北归、晚月初升时的轻快心情。

在李白登临岳阳楼之后9年，即唐代宗大历三年（768年），大诗人杜甫从成都沿江而下也来到了岳阳，沿着李白的足迹登上了岳阳楼，同样留下了一首诗：

昔闻洞庭水，今上岳阳楼。

吴楚东南坼，乾坤日夜浮。

亲朋无一字，老病有孤舟。

戎马关山北，凭轩涕泗流。

——杜甫《登岳阳楼》

这首诗是作者得知安史之乱被平定，准备返回洛阳老家途经岳阳时所作。这时候，杜甫将近60岁了，与家人朋友失散多年，杳无音信，自己身体又不好。所以，诗中就没有了李白那样的好心情。

也就是说，在唐代，岳阳楼已经很有名气，成为长江流域文人雅士登临观光的一处胜地了。遗憾的是，到了唐末五代，由于战乱频仍，岳阳楼遭到了严重破坏，面临颓废的危险。

到了北宋中期，距离李白和杜甫登临岳阳楼大约280年之后，一个被贬谪的地方官的到来，彻底改变了岳阳楼的命运。

这个人叫滕子京（991—1047年），名宗谅，字子京，河南洛阳人。宋真宗大中祥符八年（1015年）进士及第，踏入仕途。宋仁宗庆历四年（1044年）春，因为牵连到了一起公案被朝廷弹劾，滕子京被贬官到了岳州，即今岳阳做知州。滕子京是第一次来到岳阳。他发现，当时的岳阳城市不大，人口也不多，史书记载只有12万人左右，比起当时的京城开封、他的家乡洛阳（开封有100多万人口，洛阳也有50万人左右）简直是小巫见大巫。不过，他早就知道岳阳有一座很有名气的建筑——岳阳楼，上任伊始，便迫不及待地来到了岳阳楼。

眼前的情景却大大出乎他的意料。岳阳楼因为战火焚烧，加上年久失修，已经是破败不堪，惨不忍睹。滕子京是进士出身，十分爱惜文化古迹，他也知道这座楼对于岳阳的文化价值。所以，他毅然决定把重修岳阳楼作为自己到任后的首要工作来抓。经过一年多的修建，岳阳楼修好了，李白、杜甫等名人的诗赋也都被滕子京托付当时的书法名家刻成了石碑。

不过，当滕子京站在新落成的雄伟壮丽的岳阳楼上，看着映入眼帘的八百里洞庭湖，他忽然意识到还有一项工作没有做。什么工作呢？

一篇记文。这是唐宋时期十分流行的做法。一座工程，特别是备受关注的文化工程完工了，请当时名流写一篇记文，可以达到多重目的：一是纪念；二为建筑物扬名；其三，当然也不乏沽名钓誉的成分。在滕子京之前，有很多成功的例子，最佳案例就是滕王阁。唐初，驻守南昌的滕王李元婴临江建成了一座滕王阁。正巧，被称为"初唐四杰"之一的诗人王勃到南昌游览，就应邀写了一篇《滕王阁序》，序文华丽优美，把"落霞与孤鹜齐飞，秋水共长天一色"的美景描写得淋漓尽致。《滕王阁序》广为传诵后，滕王阁也因此声名鹊起。

滕子京觉得，虽然已经有包括李白、杜甫在内的那么多诗人为岳阳楼留下了名篇佳作，但远没有达到像王勃的《滕王阁序》那么有名的程度，所以，他就想请当时的名流为重修的岳阳楼写一篇记文。在滕子京那个时代，谁能为重修的岳阳楼做一篇记文，让岳阳楼天下扬名呢？他想到了一个人。

这个人就是范仲淹。范仲淹是宋仁宗时期杰出的政治家和文学家，庆历三年（1043年），范仲淹被朝廷任命为参知政事，相当于副宰相，进行变法改革，史书上称为"庆历新政"。但新政推行不到两年，就遇到保守派势力的阻挠，庆历新政无果而终。范仲淹虽然推行庆历新政失败了，但他毕竟曾经位极人臣，又富有文学才华，声名显赫。

范仲淹那么大的名气，那么高的地位，滕子京怎么会够得着跟人家说话呢？原来他们两个人都是宋真宗大中祥符八年（1015年）的进士。这一年，滕子京与范仲淹同时进士及第，这在古代叫同年，范仲淹比滕子京年长一岁，就是滕子京的年兄。在性格特点上，二人也很相似，性情耿直，直言敢谏。于是，两个人就成了志同道合的好友。请范仲淹作记，再合适不过了。

不过，这个时候，范仲淹因为新政失败，已经外调到了西北的陕西，职务是知邠州（"邠"通"豳"，邠州即今陕西省彬州市）兼陕西四路缘边安抚使。邠州距离岳阳1000多公里，路途遥远。尽管如此，滕子京求记心切，于是，派出专差骑上快马，带着包裹到了邠州。

范仲淹会不会答应滕子京的请托？滕子京能不能如愿以偿呢？

二、《岳阳楼记》创作之谜

庆历五年（1045年）六月十五，滕子京的专差一路风尘仆仆到达邠州，把包裹亲手交给了范仲淹。范仲淹打开来看，发现里边有三样东西。

一样是滕子京亲笔写的一封《与范经略求记书》书信，范经略即范仲淹。大意是说，滕子京到了岳阳做地方官，重修了岳阳楼，请求范仲淹给作一篇记文。

第二样东西，一幅《洞庭晚秋图》。这是滕子京特意让当地的画家创作，以供范仲淹作记时参考的。

第三样东西是部分资料，主要是前人创作的关于岳阳楼的诗文，也是提供给范仲淹参考的。

很多学者认为，范仲淹就是根据滕子京送来的这三样东西，以类似看图作文的形式在邠州创作了《岳阳楼记》，而他本人并没有亲自到过岳阳，更没有亲自登上过岳阳楼。真的是这样吗？

范仲淹接到滕子京送递包裹的时间是庆历五年（1045年）六月十五，而根据《岳阳楼记》的落款我们发现，这篇记文写就的时间是在庆历六年（1046年）的九月十五。也就是说，从范仲淹接到滕子京的《与范经略求记书》到完成《岳阳楼记》，整整过去了15个月的时间。

现在的高考作文要求学生在50分钟左右的时间内，完成一篇800字左右的短文，而身为知名的文学家，范仲淹创作一篇368字的记文为什么会花费如此长的时间呢？

我认为其中有三点原因。

第一，没有心情动笔。大家对范仲淹都不陌生。他小时候家境贫寒，两岁时父亲去世，后随母亲再嫁，家庭生活艰苦，吃饭都成了问题。为了填饱肚子，范仲淹想了个办法，早晨的时候将米煮成粥，待粥冷凝后切成四块，一早、一晚各吃两块，勉强度日。这就是所谓的"断齑画粥"的故事。青年时期，范仲淹就立下了"以天下为己任"的大志。北宋大中祥符八年（1015年），27岁的范仲淹进士及第，并逐渐展露了治国理政方面的才华。庆历三年（1043年）九月，55岁的范仲淹被朝廷任命为参知政事，相当于副宰相，进行变法改革。针对当时的政治和社会问题，他向宋仁宗提出了十项改革新政：

> 一曰明黜陟，二曰抑侥幸，三曰精贡举，四曰择官长，五曰均公田，六曰厚农桑，七曰修武备，八曰减徭役，九曰覃恩信，十曰重命令。
>
> ——李焘《续资治通鉴长编》

新政涉及吏治、军事、农业、政令等各个方面，深得仁宗的赞同和信任，得以逐次颁布实施，史书上称为"庆历新政"。但由于社会积弊很深，新政推行不到两年，就遇到保守派势力的阻挠，而当朝皇帝宋仁宗迫于各方面的压力，采取了息事宁人的态度，改革新政胎死腹中。庆历五年（1045年）初，范仲淹从参知政事外调，知邠州兼陕西四路缘边安抚使。当年六月十五，滕子京派人送来"求记书"。但此时的范仲淹仍然沉浸在新政失败的反思中，心绪很乱，暂时没有心思静下来考虑此事。这是其中的一个原因。

第二，没有时间动笔。范仲淹驻守的邠州临近党项族建立的西夏政权。北宋年间，西夏割据以银川为中心的西北地区，常年与北宋处于对立状态，所以，西北的军事形势很复杂。范仲淹到了邠州后，就着手熟悉军情、民情，整顿军务，加强防备。当边事稍安后，范仲淹因为操劳过度，患上了肺疾。庆历六年（1046年）二月，他被朝廷调往内地知邓州（今河南省邓州市），做了河南南阳邓州的知州。其间，频繁的调动和繁忙的政务、军务使他暂时没有时间考虑做记的事。

不过，邓州的气候和环境要好于西北，所以，到了邓州后，范仲淹在这里创办了花洲书院，发展教育；同时，身体也得到将养，逐渐恢复了健康。这时候，他才开始着手考虑好友滕子京的请托之事。但是，当他真正打算动笔的时候，他发现，还真不能轻易动笔。为什么？

范仲淹有两方面的考虑。一方面，岳阳楼已经有不少名人的题记，特别是被后人遵奉为"诗仙"的李白、遵奉为"诗圣"的杜甫，都有作品留下。这些作品像一道道高墙横亘在范仲淹的面前，使范仲淹迟迟没能动笔。

另一方面，他需要亲眼看到岳阳楼。从滕子京寄给范仲淹的《与范经略求记书》《洞庭晚秋图》和部分诗文资料来推测，当时的滕子京也许是希望范仲淹在邠州就能尽快创作出《岳阳楼记》。然而，范仲淹能那样做吗？

范仲淹是一个赫赫有名的政治家、一个态度严谨的文学家。他深知，他的文章是写给同时代的人看的，他的言论一出就会受到广泛的关注。因此，在答应滕子京所托创作《岳阳楼记》之前，范仲淹一直打算找机会重登岳阳楼。然而，由于路途遥远和军务、政务繁忙，范仲淹一直没能如愿。而调任到了邓州后，这个机会来了。

邓州位于河南西南部，距离岳阳直线距离只有400多公里。邓州濒临湍河，可通汉水，而汉水是长江中游最大的支流，沿汉水到武汉再到岳阳，水上交通十分便利。所以，尽管宋代交通没有今天这样方便，从邓州到岳阳最多也只是花费三五天的行程，应该说十分便利。岳州知州滕子京为求楼记，已经等了一年多，十分焦急，在得知范仲淹调任邓州后，驰书催请当在情理之中。而范仲淹为了尽快完成滕子京请托定会抽出时间，前往岳阳，再次登临岳阳楼。

遗憾的是，我们并没有从史料中发现范仲淹这次亲登岳阳楼的记载。不过，他早年的一首诗可以佐证其曾经亲自到过岳阳。

宋仁宗明道二年（1033年）七月，江淮发生水患，范仲淹奉旨赈灾南下，曾经到过岳阳。有诗为证：

> 去国三千里，风波岂不赊。
> 回思洞庭险，无限胜长沙。
> ——范仲淹《新定感兴五首》之四

这首诗作于明道三年（1034年），是在明道二年（1033年）江淮发生水患，范仲淹奉旨赈灾南下返回汴京开封后所作的一组回忆性诗歌中的一首。从中我们可以发现，范仲淹不仅到了洞庭湖，而且还到了长沙。从长沙返回京城开封，必走水路到洞庭湖、到岳阳城，范仲淹顺便游览岳阳楼就顺理成章了。

范仲淹调任邓州后再到岳阳，登临岳阳楼也只是为了给记文谋构思、找灵感，已没有必要再挖空心思写新诗了。所以，他并没有留下相关诗篇和其他记载。而《岳阳楼记》中的一些文句也有力佐证了范仲淹亲自登临了岳阳楼：

在《岳阳楼记》一开篇，范仲淹就说"予观夫巴陵胜状……"，还有"登斯楼也……"。"予观夫""登斯楼也"什么意思？是我亲临其境、亲眼所见的意思。

所以，综合各个方面的情况来看，范仲淹的《岳阳楼记》绝不会是传说中的看图作文。他那样做，不仅不符合一个严谨的文学家的创作作风，而且仅凭想象就轻易写一篇严肃的记文必为同时代的明贤大儒所鄙弃。

至于范仲淹最终写就《岳阳楼记》的地点，我的判断是：在岳阳与好友滕子京见面重新登上岳阳楼时，构思基本已经成熟，或已经有了初稿。但由于在岳阳停留时间有限，最终的稿子应该是在邓州完成，并派人送递给滕子京的。这符合范仲淹一生谨慎从事的作风。像王勃那样一蹴而就现场创作出《滕文阁序》的例子毕竟是少数，绝大多数好文章是反复修改出来的。

可见，《岳阳楼记》的创作过程并不简单，经历了一个复杂曲折的过程。说到这里，大家可能就会产生一个疑问：既然这篇记文创作起来那么艰难，范仲淹为什么非得揽下这个活，苦思冥想写这篇记文呢？

三、滕子京巧修岳阳楼

范仲淹与滕子京的关系非同一般。

滕子京曾在泰州、当涂等地任地方官多年，后调任京都开封任殿中丞、左司谏等，多次直言谏君，受到朝廷关注。《宋史》本传记载：

宗谅尚气，倜傥自任。

——《宋史·滕宗谅传》

滕子京很讲义气，风流倜傥，遇事敢于担当。庆历三年（1043年）九月，范仲淹以参知政事身份开始推行"庆历新政"，滕子京表现出了积极支持的态度，于是，受到保守派的打击。不久，滕子京被御史弹劾，罪名是在知泾州期间贪污巨额公款。后来，朝廷组成调查组，派专人调查，结果发现乃子虚乌有。其间，范仲淹还曾为滕子京两次上书宋仁宗，为滕子京辩护。但保守派官员仍然抓住滕子京不放，于是，滕子京先后被贬谪为知凤翔府、知虢州。庆历四年（1044年）二月，又由虢州再贬至岳州。滕子京贬谪岳州与范仲淹有间接关系。从某种意义上说，保守派之所以抓住滕子京不放，是杀鸡给猴看，是做给范仲淹看的。

久经官场的滕子京心里当然明白这一点。不过，到了岳州后，滕子京并没有意志消沉，更没有怨恨好友范仲淹。他发现，岳阳依山傍水，枕江扼湖，气候温和，物产丰富，和他的家乡洛阳是完全不同的两种风情。他踏遍了岳阳的山山水水，被八百里洞庭的美景深深震撼。在遍访当地的民情后，滕子京在岳阳干了三件大事。

第一件，筑堤建桥。岳阳水网密布、河道纵横，很容易发生水灾，所以，滕子京首先主持修建了紫荆堤，防止水患；同时，修建了一座通和桥，改善了当地的交通条件。

第二件，重视地方教育，扩建岳州学宫，扩大办学规模，为培养地方英才奠定了基础。

第三件，也是他最看重的一件事，就是重修岳阳楼。他是个文人，他知道文化遗产对地方经济和社会发展的重要性，要使小小的岳州为世人所知，最好的品牌就是岳阳楼。于是，他就想到了重修岳阳楼，以这个文化工程项目来吸引人才，吸引商业投资，为岳阳城市发展搭桥铺路。

但当时的岳州属于规模很小的州郡，财政收入十分有限，即使在今天，重修岳阳楼，也是一项浩大的工程，谈何容易！而且那些远在朝廷的保守派势力还眼睁睁盯着他呢，略有差池，那就不是贬官的结果了。那么，滕子京想到了什么高招呢？司马光《涑水记闻》载：

> 滕宗谅知岳州,修岳阳楼,不用省库钱,不敛于民,但榜民间有宿债不肯偿者,献以助官,官为督之。民负债者争献之,所得近万缗。
>
> ——司马光《涑水记闻》

这段话的意思是:滕子京修岳阳楼根本不用省库银,也就是不用公款;也不从普通百姓那里强行敛钱,怎么办呢?他出了个告示,让那些民间有宿债不肯偿还的,把这些钱主动献给官府。就这样,得到了近万缗钱。

在这段话里,有两个词需要给大家做一解释。

一个词是"宿债"。顾名思义,宿债就是原来的债,过去的债,或者叫前世的债。而在这一段话里的宿债,特指一种高利贷债务。古代的岳阳怎么会有高利贷债务呢?

北宋时,岳阳虽然不是一个发达城市,但滕子京经过仔细查访,发现了岳阳的一大优势。岳阳地处长江中游南岸,位于八百里洞庭湖与长江的交汇处,是一个天然的贸易港口。来自长沙、湘潭等湖南内地城市的粮食、鱼盐、木材等物资源源不断地通过湘江进入洞庭湖,然后经岳阳进入长江,销往长江流域,乃至全国各地。所以,岳阳成为一个水上商业贸易的集散中心、长江中游的重要港口城市,众多商人集聚在这里。商人经营需要大量的流动商业资本,于是,在岳阳民间,高利贷就很流行。

这就是说,高利贷并不是现代社会特有的商业现象,自从有了商业经营,就有了高利放贷这种形式,这符合有需求就会有供给的市场规律。高利贷的利息很高,远远超出政府规定的范围,不受政府的保护,是一种私人行为、非法行为。滕子京发现,在岳阳,一方面,对于高利贷的贷款方,有大量的高利贷款没有追回,或根本没有能力追回;另一方面,商人借了高利贷,发了财后感觉贷款的利息太高,除了还本,不想付高息,甚至部分商人干脆成了"老赖"。他们明白,高利贷不合法,也无法告官,久而久之,岳阳民间就沉淀下来大量这样的呆账和死款。

滕子京摸准了岳阳高利贷的情况，然后做了两方面的工作：一方面，帮助那些高利贷者追回他们合法的本金；另一方面，宣传说服那些长期没有偿还高利贷的富庶商人把符合国家法律规定的贷款利息上缴给地方政府，用于岳阳楼的重修。官府不仅不追究贷款人和欠有宿债人的责任，主动献款以后还予以表彰。而对于故意隐瞒者，一经查实，将对高利贷双方财产予以没收。就这样，在短短的时间里，高利贷款——浮出水面，地方政府在短时间内得到了巨额主动献纳的欠款。

另一个词是"缗"。缗是古代货币的一种计价方式，也称为贯。缗和贯本来都是穿钱用的绳子，把一千铜钱穿在一起，就是一缗钱，或叫一贯钱。在北宋，十缗钱（十贯钱）就能解决一户普通人家的生活问题。史书记载：在山东的曹州有一个富裕的大户人家，叫于令仪，是一位宽厚的长者。一天夜晚，有一个小偷到他家偷盗，被他的家人逮了个正着。当这个盗贼被押到于令仪的跟前，他发现是邻居家的一个年轻人。于令仪问他为什么偷盗，他说家里揭不开锅了，不得不偷。于令仪就问他想要什么，那个年轻人回答："能得到十千钱，就足以维持一家人的日常生活了。"十千铜钱就是十缗钱。于令仪一听，十分爽快地让家人取了十缗钱，给了那位年轻人。从此以后，不仅解决了邻居一家人的温饱问题，那位年轻人从此再没有干过偷盗的事。而滕子京通过追缴宿债的方式得到了万缗钱，就是相当大的一笔巨款，相当于千两黄金。而且，那时的岳阳是相对落后地区，用工和用料的费用都很低，所以，把这些钱用于重修岳阳楼绰绰有余。

滕子京在频遭贬谪的情况下，不仅没有消沉遁世，没有明哲保身，更没有考虑自己的命运和前途如何，而是巧借追缴的宿债重修岳阳楼，可谓有识之举，既做了好事、善事，又没有浪费国家的钱财，显示出滕子京超人的胆识和魄力，得到了朝野的赞誉，得到了岳阳当地老百姓的拥护。这一点令范仲淹十分感动。

当范仲淹从岳阳返回邓州后,心绪一直难以平复:雄伟壮丽的岳阳楼、烟波浩渺的洞庭湖使他再次领略到祖国的江山如此多娇。同时,宋朝的政治积弊却越来越多,自己推行的庆历新政也无果而终;西北的西夏、北方的金朝对宋朝虎视眈眈,国家的命运和前途怎不令人担忧呢?

所以,范仲淹想说的话太多,想表达的感情也太多。应该感谢好友滕子京,感谢他把为岳阳楼作记的差事托付给了我范仲淹,使我遇见岳阳楼!我何不借岳阳楼来一浇胸中的块垒,抒发郁结已久的感情呢?于是,在一天深夜,深思熟虑的范仲淹披衣起床,笔走龙蛇,一气呵成,脍炙人口、千古传诵的《岳阳楼记》便由此产生了。

不以物喜,不以己悲,居庙堂之高则忧其民,处江湖之远则忧其君。是进亦忧,退亦忧。然则何时而乐耶?其必曰"先天下之忧而忧,后天下之乐而乐"乎!噫!微斯人,吾谁与归?

——范仲淹《岳阳楼记》

四、永远的岳阳

范仲淹的《岳阳楼记》自从问世的那一天起,就被广为传诵。后来的《古文观止》《古文百则》等古代文选、文编大都把这篇文章作为必选文章。直到现在,中学课本里仍有这篇古文,并且是要求背诵的。那么,《岳阳楼记》给岳阳这座城市又留下了怎样的文化遗产呢?

首先,使岳阳楼成为中国名楼之一。亭台楼阁是我国建筑文化中的重要组成部分,但古代留下来、知名度又很高的亭台楼阁十分有限。这些有名的亭台楼阁之所以出名,除了其自身的建筑和文物价值之外,大都与留下的名文有关联。比如,浙江绍兴的兰渚山下有一座小小的兰亭,但很有名,原因是著名书法家王羲之曾经写下了一篇散文《兰亭集序》；安徽滁州的醉翁亭有名，是因为欧阳修曾经写过《醉翁亭记》；南昌的滕王阁很有名，是因为著名诗人王勃曾经为它写了《滕王阁序》。同样，山西的鹳雀楼很有名，是因为王之涣的诗《登鹳雀楼》：

　　白日依山尽，黄河入海流。
　　欲穷千里目，更上一层楼。

——王之涣《登鹳雀楼》

武汉的黄鹤楼很有名，是因为李白为它写过《黄鹤楼送孟浩然之广陵》：

　　故人西辞黄鹤楼，烟花三月下扬州。
　　孤帆远影碧空尽，唯见长江天际流。

——李白《黄鹤楼送孟浩然之广陵》

这就是说，"江山虽美，还需名人来捧"。

范仲淹的《岳阳楼记》广为流传，结果有三。

首先，使岳阳楼声名鹊起，成为江南三大名楼（南昌滕王阁、武汉黄鹤楼和岳阳岳阳楼）之一。

其次，使滕子京成为岳阳有名的地方官。岳阳城有将近2000年的城市史，管理岳阳的地方官不计其数，如三国时期的鲁肃，明清时期还有。但很少有人把他们与岳阳联系起来，倒是在岳阳仅仅做了三年地方官的滕子京成了岳阳最知名的地方官，这不能不说与《岳阳楼记》的广为传诵有直接关联。不过，滕子京之所以被岳阳人所铭记，并不仅仅依赖一篇《岳阳楼记》，重要的还在于他本人是如何作为的。作为一个被贬谪的地方官，他不计个人名利，忘我地投入地方经济与社会发展中，为百姓谋福利。重修岳阳楼不劳民、不伤财，不搞面子工程、形象工程，经得起检察官和朝臣甚至皇帝的监督，经得起地方老百姓的挑剔，经得起历史的考验，这样的地方官即使放到今天，也同样会得到当地老百姓的认可和赞誉。

史书中对滕子京的人生结局有记载，滕子京的积极有为，再加上范仲淹的美文，果然引起了当朝皇帝宋仁宗的关注。就在庆历七年（1047年）春天一月份，也就是滕子京在岳阳任职满三年、范仲淹的《岳阳楼记》发表半年之后，滕子京接到了一道诏旨，调任苏州知州。苏州是繁华大都市，是岳阳无法相比的。可见朝廷对滕子京工作业绩的认可，其中当然也有范仲淹美文的辅助作用。遗憾的是，滕子京到任不到一个月，便在苏州知府任上去世。滕子京家人特意来到邓州，向范仲淹报丧。范仲淹得到消息，异常悲痛。按照其家人请托，范仲淹特意为好友滕子京写下了墓志铭——《天章阁待制滕君墓志铭》，这篇文章至今还留在范仲淹的文集里。

最后，使岳阳成为中华民族忧患意识的发源地。城市是文明的重要载体，中华民族绝大多数的文明元素都是以城市为核心产生的。比如说一提到改革创新的"胡服骑射"精神，我们就会把它和邯郸这座城市联系起来，因为战国时期的赵武灵王在这里发出了"胡服骑射"的诏令；一提到"忠、义、信、勇"关羽文化，人们就会把它和荆州这座城市联系起来，因为这里是关羽崇拜的发源地。

中华民族在发展的过程中并不总是一帆风顺的，有艰难困苦的时候，甚至多次面临民族危亡的考验，"乐不忘忧"的忧患意识很早就产生了。战国后期，楚国诗人屈原被放逐后，长期在洞庭湖行吟，并发出了"长太息以掩涕兮，哀民生之多艰"（屈原《离骚》）的沉重感叹。不过，一提到忧患意识，人们也会把它和岳阳这座城市联系在一起，原因就在于范仲淹的《岳阳楼记》中那句广为传诵的"先天下之忧而忧，后天下之乐而乐"。所以，归根结底，忧患意识的产生、最终定型和向全国广泛传播的城市在岳阳，是在范仲淹的《岳阳楼记》被广为传诵之后。这一点，也得到了大家的普遍认可。

而范仲淹本人一生都抱定这种强烈的忧患意识。政治上，他孜孜奉国，知无不言；为官上，两袖清风，鞠躬尽瘁；仕途上，尽管屡遭挫折，仍然心忧国家；生活上，更是一生节俭。史书记载：

> 非宾客不重肉，妻子衣食，仅能自充。
>
> ——《宋史·范仲淹传》

平时只要没有宾客来访，吃饭从来不会上两道荤菜。而妻子、子女在衣服、饮食上仅能维持温饱而已。一家人省吃俭用，但到了晚年，范仲淹却用节省下来的俸禄，在原籍苏州购置了千亩义田，解决宗族和家乡鳏寡孤独者的生计问题。63岁时，范仲淹病逝于赴颍州任的途中，在徐州病逝，家人竟从他的衣箱中找不到一件好衣服装殓。这些做法即使放在今天，也是十分难能可贵的。

这就是岳阳，一座长江岸边的小城，一座享誉中外的名楼，一篇传诵千古的名文，共同构成了渗透到中华民族血脉中的文化元素。

下一章我们将沿湘江南下，和大家一起品长沙，话楚材！

请看下一章：楚材斯胜品长沙！

第五章
楚材斯胜品长沙

城市文化自测题

1. "问苍茫大地，谁主沉浮？"出自毛泽东的_____。

   A.《采桑子·重阳》　B.《沁园春·雪》　C.《沁园春·长沙》　D.《卜算子·咏梅》

2. 以下作品出自贾谊的是_____。

   A.《过秦论》　　　B.《六国论》　　　C.《封建论》　　　D.《原道》

3. 以下关于马王堆汉墓的陈述，不正确的是_____。

   A. 出土了帛书《道德经》　　　　　B. 发现了千年不腐的女尸

   C. 发现珍贵文物3000多件　　　　　D. 是长沙王吴芮的墓葬

4. 提出"师夷长技以制夷"主张的近代人物是_____。

   A. 魏源　　　　　B. 梁启超　　　　C. 谭嗣同　　　　D. 龚自珍

5. 书院主持人也称山长、院长。以下学者中，不曾做过岳麓书院山长的是_____。

   A. 张栻　　　　　B. 王阳明　　　　C. 罗典　　　　　D. 朱熹

   注：以上皆为单选题，参考答案附在本书末。

开篇的诗

咏长沙①

屈贾②兴发千古忧,朱张会讲③遗风流。

岳麓④夕照爱晚亭⑤,湘江北去橘子洲⑥。

【注】

①长沙:位于长江中游重要支流湘江之畔,湖湘文化发源地,有屈贾之乡、楚汉名城、潇湘洙泗之誉。

②屈:战国时期楚国爱国诗人、政治家屈原。贾:西汉政论家、文学家贾谊,曾任长沙王太傅,故后世亦称贾长沙。

③朱张会讲:南宋孝宗乾道三年(1167年),应张栻邀请,朱熹从福建远赴长沙岳麓书院,与张栻共同研讨《中庸》等儒家经典,并在岳麓书院进行公开讲座。朱:南宋理学家朱熹;张:南宋教育家张栻,曾任岳麓书院山长。

④岳麓:即岳麓山,位于长沙市岳麓区。

⑤爱晚亭:位于岳麓山清风峡中,始建于清乾隆五十七年(1792年),原名红叶亭,后据"停车坐爱枫林晚,霜叶红于二月花"更名爱晚亭。

⑥橘子洲:位于长沙市岳麓区的湘江中心,是湘江下游的一块沙洲,由南而北,横贯江心,四面环水,绵延十多里。1925年,毛泽东主席曾在这里写下了《沁园春·长沙》,从此,橘子洲声名远扬。

我国的地势大致来说是西高东低、北高南低,所以,绝大部分河流都发源于西部或北部,自西向东或自北而南流。但在长江的中下游,有两条大的支流,一条是湘江,一条是赣江,却是自南而北流向长江。长沙就位于湘江的中游，是在湘江哺育下发展起来的城市。绝大多数朋友了解长沙，是通过毛泽东同志青年时期写的一首词《沁园春·长沙》：

  独立寒秋，湘江北去，橘子洲头。看万山红遍，层林尽染；漫江碧透，百舸争流。鹰击长空，鱼翔浅底，万类霜天竞自由。怅寥廓，问苍茫大地，谁主沉浮？

  携来百侣曾游，忆往昔峥嵘岁月稠。恰同学少年，风华正茂；书生意气，挥斥方遒。指点江山，激扬文字，粪土当年万户侯。曾记否，到中流击水，浪遏飞舟！

——毛泽东《沁园春·长沙》

在一个深秋，青年时期的毛泽东站在长沙的橘子洲头，望着自南而北流去的湘江、层林尽染的岳麓山发出人生感慨，那"问苍茫大地，谁主沉浮？"的远大胸襟、"指点江山，激扬文字，粪土当年万户侯"的宏大气魄给人留下了难以磨灭的印象。中华人民共和国成立后，这首词被选入中小学课本，广为传颂，成为长沙对外宣传的一张文化名牌。

毛泽东是湖南湘潭人，1911—1925年，也就是毛泽东的青年时期，长期在长沙求学和从事早期革命工作。所以，长沙可以说是毛泽东同志的第二故乡。而在长沙城市发展的历史上，最早把长沙当作第二故乡的还有一个人，这个人就是被后人称为"贾长沙"的西汉著名政论家、文学家贾谊。

一、贾长沙的由来

贾谊（前200—前168年），河南洛阳（今河南省洛阳市东）人，西汉时期著名政论家、文学家。贾谊自幼好学，聪明过人，少有才名，为汉文帝所赏识，20岁时被汉文帝召到长安，担任博士，不久迁太中大夫。他奏请文帝根据农事活动修改历法，用不同样式和颜色的服饰区别不同等级的官员，建立健全法律法规等，大多都被文帝所采纳。同时，贾谊又多次上书总结历史经验教训，写成了《过秦论》《论积贮疏》等，显示了卓越的政治才能。汉文帝准备继续提拔重用年轻的贾谊，却遭到了一些元老大臣的反对。原因是贾谊公开指出了周勃、灌婴等一些老臣依靠资历，各怀私心，疏于政事的行为，触怒了这些老臣贵戚。当时文帝即位不久，而周勃、灌婴等是先帝的旧臣，权重势大，文帝虽爱贾谊的才能，但也不愿意公开与这些老臣撕破脸皮。结果，贾谊被贬出京师，到长沙国去当长沙王的太傅。

长沙国是个什么地方呢？这是汉初汉高祖刘邦分封诸侯的时候设立的一个封国，管辖的范围大概相当于现在以长沙为中心的湘中和湘南地区。长沙国是当时唯一的一个异姓（非刘氏）王国，因为是异姓，所以，处事谨小慎微，从来是安分守法的王国。贾谊到长沙时，正是长沙靖王吴著（吴芮的后代）在位。长沙王太傅就相当于长沙王的师傅、辅臣，帮助长沙王处理一些政务。

贾谊总共在长沙待了三年。这三年时间里，贾谊与长沙这座城市产生了哪些关联呢？

第一，获得了一个"贾长沙"的名号。一座仅仅待了三年的城市，何以为贾谊留下这么深刻的印记呢？当时的长沙地处南方，交通不便利，离京师长安有数千里之遥，有大量人口属于南越、西南夷的少数民族，所以，被中原地区视作未开化的"南蛮"之地。长沙与都城长安相比，简直一个天上，一个地下，生活条件十分艰苦。但贾谊并没有为此怨天尤人。他曾经到屈原投江的汨罗江，写了一篇感人肺腑的《吊屈原赋》，为屈原壮志未酬而深感遗憾；还写过一篇《鵩鸟赋》，对世界万物的变化和人间世事的沧桑作了一番感叹。这两篇赋奠定了贾谊在文学上的地位。但更多的时候则是辅佐长沙王处理与地方经济和社会发展有关的事情，特别是在当地鼓励稻谷栽培，使长沙的大米打出了品牌。史书记载，三国魏文帝曹丕曾经评价说：

> 江表惟闻长沙名，有好米，上风炊之，五里闻香。
>
> ——曹丕《与朝臣书》

魏文帝曹丕说，江南这一带，我早就听说过长沙。因为这里产好米，米好到什么地步呢？煮米饭的时候，顺风能飘香五里之外。可见长沙大米早已名声在外了。

第二，长沙的手工业和科技发展达到了很高的水平。很多人都熟悉长沙马王堆汉墓（一号、二号、三号）。其中，名气最大、影响最广的是一号汉墓出土了一具千年不腐的女尸——过了2000多年还没有腐烂，还有写有《道德经》的帛书，以及医学、天文、历法等的珍贵文物3000多件。马王堆汉墓是谁的墓？就是比贾谊略晚，曾经和贾谊以同样身份辅佐长沙国王的长沙国丞相（原称太傅）、轪（dài）侯利苍的家族墓地，而那具女尸则是利苍的夫人辛追。从中可见汉代长沙地区的尸体防腐技术、制造丝帛的手工业技术等达到了很高的水平。

第三，贾谊为长沙留下了良好的文化传统。在长沙的历史上，除了贾谊，还有屈原曾经被流放到这里；到了唐代，著名诗人、文学家柳宗元、刘禹锡，以及宋代的滕子京等也曾经贬谪到以长沙为中心的湖南各地；而李白、杜甫等大诗人也曾经在人生失意、仕途不顺利的时候来到湖湘，凭吊同样怀才不遇的屈原、贾谊，以寻求人生的解脱。大量杰出人才被贬谪或游历在长沙，从一个方面看是长沙偏僻、落后的表现；但从另一方面看，正是屈原、贾谊、杜甫、滕子京等留下的深厚文化传统逐渐滋养、孕育着长沙，不断为长沙城积聚浓厚的文化氛围，为长沙城市的崛起打下了坚实的基础。

所以，历史是一个大舞台，你方唱罢我登场，城市发展的历史也是这样。在长江沿岸的名城中，有很早就名满天下的，比如扬州、苏州、南京、成都等，但也有厚积薄发、大器晚成的，长沙就是其中的代表。到了清末，鸦片战争爆发以后，长沙发挥了巨大的作用，从一个默默无闻的城市一跃而成为全中国乃至全世界关注的焦点城市。这是怎么回事呢？

二、为何楚材斯胜

1840年，鸦片战争爆发，英国用坚船利炮摧毁了清王朝曾经战无不胜的铁骑和土炮。中国向何处去？是继续闭关锁国、盲目自大，还是客观面对西方工业文明大潮，主动学习、主动接纳、主动融入？这关系到中华民族的生死存亡。这时候，有一批仁人志士敏锐地察觉到了中西方之间的差距，勇敢地站了出来。在这里，我提出三个人才群体。

第一个群体，向洋看世界的思想家。这包括陶澍、贺长龄、魏源等，其中的代表人物是魏源。鸦片战争爆发后，面对西方列强咄咄逼人的威胁，魏源（今湖南省邵阳市人）在其所著的《海国图志》一书中提出了"师夷长技以制夷"的主张，即主动向西方学习，学习他们的枪炮制造技术，学会以后，再用这种技术抵御西方列强的威胁。这在"天朝大国"的清朝看来，就等于承认自己的落后，简直是石破天惊的思想。这种思想引领近代中国向西方学习的风气之先，因而魏源被称为中国"开眼看世界的第一人"。

第二个群体，洋务运动的发起者。其中包括曾国藩、左宗棠、郭嵩焘等，代表人物是曾国藩。曾国藩一生做了两件大事。一件是镇压太平天国运动。洪秀全领导的太平天国运动爆发后，曾国藩（今湖南省湘乡市人）组织了30万湘军，从长沙出湘，沿长江向下游太平天国的临时首都南京进军，最终镇压了太平天国运动，形成了"无湘不成军""绍兴的师爷湖南的将"的格局，挽救了摇摇欲坠的大清王朝的命运。为此，曾国藩历任礼、兵、工、刑、吏部侍郎，官至两江和直隶总督，大学士、一等毅勇侯，死后获赠文正公谥号。第二件事则是在镇压太平天国运动的过程中，曾国藩看到了中国的军事和科学技术与西方的差距，倡导发起了洋务运动，把魏源"师夷长技以制夷"的

思想变为现实。在曾国藩的手里诞生了中国近代史上的数个"第一":

1861年,曾国藩在安庆设立安庆内军械所,这是中国第一家近代军事工业。就是在这里,试制出了中国第一台蒸汽发动机。

四年之后,1865年,曾国藩和李鸿章共同在上海设立江南机器制造局,制造出了近代中国第一艘军舰、第一台车床,炼制出中国第一磅近代火药和第一炉钢水。同时,培养了旧中国第一批近代技术工人和工程技术人员。

六年之后的1871年,曾国藩和李鸿章联名上奏,请求朝廷派遣子弟出洋学习,并就如何挑选人、经费怎么解决、到哪里学习等拿出具体的方案。第二年(1872年),30名被精心挑选出来的幼童从上海登上轮船赴美学习,成为近代中国派出的第一批留学生,从而开启了中国向西方派遣留学生的先河。

曾国藩用实际行动第一个打开了学习西方的窗口,成为从科学技术方面向西方主动学习的第一人。青年时期的毛泽东曾批读过曾国藩的《曾文正公全集》,十分佩服曾国藩。他曾说过这样一句话:

愚于近人,独服曾文正。

——毛泽东《致黎锦熙信》

第三个群体,民主革命的发起者。其中包括谭嗣同、唐才常、黄兴等,代表人物是谭嗣同。戊戌变法时,谭嗣同和康有为、梁启超一起成为中坚力量,变法失败后谭嗣同没有选择逃跑,被保守派逮捕。他为什么这样做?因为在他看来,自古至今,要想变法成功,没有不付出流血代价的。既然通过流血牺牲可以换来变法的成功,那么,就让自己来做那个首先流血的人吧。临刑前,谭嗣同高声喊出了这样的口号:"有心杀贼,无力回天。死得其所,快哉快哉!"被后人称为"中国百年来第一大丈夫、真男人"。

我为什么要在这里特别提出这三个人才群体?因为这三个人才群体中所有的人都有一个共同的背景:一,都是湖南人;二,都曾经长期在长沙生活;

三，都有一个共同的出身——岳麓书院的学生。

正是这些岳麓书院培养的学生，在近代中国每一个生死攸关的历史关头力挽狂澜，深刻影响甚至改变了中国历史发展的进程。著名历史地理学家谭其骧先生曾经说过：

清季以来，湖南人才辈出，功业之盛，举世无出其右！

——谭其骧《长水集》

所以，湖南被看作近代中国最富朝气的一个省份，而湖南省会长沙则被人称为"中国近代人才的首都"。岳麓书院门前至今还有一副很有名的对联：

惟楚有材，于斯为盛。

可谓名副其实。

那么，岳麓书院是一个什么地方？为什么能孕育出近代中国那么多杰出的人才呢？

三、朱张会讲与爱晚亭传奇

书院这种形式，出现在唐宋时期。那时，发明了雕版印刷和活字印刷术，大量书籍开始流向民间。所以，书院首先是藏有大量书籍的地方，是藏书、校书、著书、刻书、出版书的地方。同时，隋唐开始有了科举制度，大量士子为了追求功名，就需要上学、读书。到哪里上学读书？其中一个渠道是政府开办的官学，但政府的官学招收学生名额很有限，只有那些有一定身份和地位的贵族、官僚子弟才有资格进入官方学校学习。于是，另一种渠道——书院就应运而生了。书院可以是官办的，但大量书院是民办的，书院藏有大量的书籍，有大量知识渊博的名师，于是，书院就成了富家子弟、文人士子读书学习、追求功名的理想场所。正是在这个背景下，长沙的岳麓书院诞生了。

北宋开宝九年，即公元976年，朱洞知潭州（当时潭州的管辖范围包括今天的长沙市、湘潭市、株洲市以及宜阳县、岳阳市、衡阳市部分地区，比今天的长株潭地区地盘还要大），知州府就是今天的长沙。朱洞是一个有学识、有眼光的地方官员，非常注重地方教育。所以，他到任以后，就决定在长沙湘江西岸的岳麓山下建立书院。古代把岳麓山看作南岳七十二峰之足，山足在古代就叫麓，所以，得名岳麓山。院以山名，就叫岳麓书院。

在现代大学制度建立以前，书院就是古代的大学，肩负着培养人才的重任。根据历史记载，从唐宋一直到明清，在我国出现的书院有名可考的有7000多所，很有名气的书院也不少，比如大家熟悉的洛阳的嵩阳书院、商丘的应天书院、武夷山的白鹿洞书院等。为什么唯独岳麓书院在近代培养出了一批又一批不世之才呢？

现代大学要出名，首先要有大家、有大师，古代也一样。岳麓书院之所以能培养出来一批批杰出的人才，首先是因为岳麓书院一直都是大师、大家会聚的地方。

根据史书记载，在岳麓书院发展的历史上，总共有54位山长（书院主持人，或称主教、院长）。会聚于岳麓书院的大师、大家，既包括宋代的周式、张栻，元代的张厚、吴澄，也包括明代的王阳明、邹元标，以及清代的罗典、王文清等。他们都是当世的硕儒、著名学者。他们通过组织和开展学术交流，又把全国各地的知名学者吸引到岳麓书院进行访问交流。

大家知道，朱熹是南宋著名的理学家、宋明理学的创始人之一。朱熹祖籍福建，乾道三年（1167年），在岳麓书院山长张栻的邀请下，朱熹决定亲赴长沙，访问岳麓书院。

朱熹为什么会接受张栻的邀请呢？

张栻（1133—1180年），字敬夫，号南轩，四川绵竹人，自幼接触理学，有深厚的理学修养，是南宋著名理学家、教育家。张栻的父亲是和岳飞同时代的赫赫有名的抗金名将，曾两次出将入相的张浚，曾在绍兴三十一年（1161年）以观文殿大学士的身份知潭州。张栻就随着父亲一块迁移到了长沙居住。隆兴二年（1164年），张浚去世，埋葬在了长沙，此后张栻就定居在长沙。南宋初期，岳麓书院毁于兵火，几成废墟。南宋乾道元年（1165年），湖南安抚使刘珙知潭州，重建岳麓书院。刘珙早就知道张栻德高望重，所以，就聘请张栻来主持书院。张栻做了山长后，扩大了办学规模，吸引了大批优秀学子入学，使岳麓书院成为南宋初期的一块学术圣地。张栻与朱熹都是当时著名的理学家，两人惺惺相惜，曾经有过书信来往，探讨一些学术问题，但两人未曾见面，总觉得是个遗憾。所以，张栻就向朱熹发出邀请，希望朱熹能亲自来长沙访问岳麓书院。

乾道三年（1167年）八月，朱熹从福建崇安出发，带了两名得意的学生（范伯崇、林择之），踏上了到长沙的漫长旅途。当时，朱熹的名望很高，他到书院访问的消息早已在书院传开。张栻本人也对朱熹的这次访问做了周密的安排。经过一个月的艰苦行程，九月八日，朱熹到达长沙。张栻率岳麓书院众弟子亲自在湘江码头迎接。

朱熹在长沙停留了两个多月，留下了我国教育史上一份重要的文化遗产，就是会讲。会讲是古代书院一种特殊的教育制度，是不同学派或持不同见解的学者之间进行的学术交流、辩论活动，类似于春秋战国时期的百家争鸣。朱熹与张栻的这次会讲，吸引了很多湖湘弟子远道来长沙岳麓书院听课，盛况空前。史料记载：

学徒千余，舆马之众至饮池水立竭，一时有潇湘洙泗之目焉。

——赵宁《长沙府岳麓志》

前来参与会讲的学徒达到上千人，连岳麓书院的池水都被喝干了。一时间，地处潇湘的长沙仿佛变成了孔孟之乡的洙泗。朱张会讲，乃我国书院史上最早的会讲，开创了不同学派在书院自由讲学的新风气。

说来朱熹与长沙的缘分的确不浅，绍熙五年（1194年），在朱张会讲27年之后，朱熹任湖南安抚使，驻守潭州。这次任职，虽然时间不长，但除了繁忙的公务，朱熹最关心的仍然是岳麓书院的教育。

他当时办公的地点在长沙的老城区，湘江的东岸。但在繁忙的公事之余，他经常来到岳麓书院，或亲自举行讲座，或与师生们探讨学术问题，场面十分热烈。

朱张会讲与朱熹主政长沙，成为岳麓书院发展史上的里程碑。当年朱熹和张栻时常通过橘子洲来往于湘江两岸的地方，就留下了今日橘子洲两个非常有纪念意义的地名——朱张渡东、朱张渡西。

还有一个在长沙流传的故事，则与著名的爱晚亭有关。爱晚亭位于岳麓山麓的清风峡，重檐四柱，是岳麓山上的一颗明珠。亭子是清朝乾隆五十七年（1792年）岳麓书院的山长、曾经主政岳麓书院27年的著名学者罗典负责建造的，所以，爱晚亭一直都是岳麓书院的一部分。爱晚亭附近遍布枫林，每到秋天，枫叶变红，满目都是红色，《沁园春·长沙》里"看万山红遍，层林尽染"就是对岳麓山秋色的真实写照。由于这个缘故，罗典给建成后的亭子取名"红叶亭"，或曰"爱枫亭"。那么，后来为什么改成"爱晚亭"了呢？关于改名，至今在长沙还流传着一个脍炙人口的传说。

200年以前的一个深秋，清朝著名诗人袁枚（1716—1798年，浙江钱塘人）来到长沙。袁枚是江南著名才子，风流倜傥，名气很大。他还喜欢标新立异，公然招收女子弟为徒，引起了不小的社会反响。袁枚久慕长沙岳麓美景，当然也知道岳麓书院以及鼎鼎大名的罗典山长，所以，决定畅游岳麓山，拜谒岳麓书院，并想顺便拜访罗典山长。但到了岳麓书院，罗典却称病，借故拒绝与袁枚见面。为什么？原来罗典并不喜欢袁枚的治学思想，尤其不能接受袁枚有违圣人之道的一些做法（招收女子弟为徒）。所以，袁枚吃了个闭门羹。

不仅如此，袁枚走后，罗典还特地叫人泼水清洗先前袁枚站过的院前台阶，说是清除异端邪气。

袁枚对罗典拒绝见面并不介意，而是继续兴致勃勃地独自游山，深深陶醉于岳麓山美景中，并不时题咏作诗。临别，袁枚给罗典山长留下了一首专门题咏红叶亭的诗。罗典展开一看，这首诗并非袁枚的原创诗作，而是抄录唐朝大诗人杜牧的一首诗：

远上寒山石径斜，白云生处有人家。
停车坐爱枫林晚，霜叶红于二月花。

——杜牧《山行》

这首诗描写了诗人杜牧某一年的深秋在山间石径行走时看到的景象：满目的枫叶都变红了，甚至比二月的花还要红。这种情景与岳麓山上的秋景十分相似。但罗典再仔细一看，全诗中的第三句却变成了"停车坐枫林"，少了两个字"爱"和"晚"。罗典一开始有些疑惑，仔细一琢磨，才明白了袁枚的良苦用心：很明显，这是袁枚经过红叶亭时，认为"红叶"二字不够风雅，巧妙地借用唐朝大诗人杜牧《山行》诗里的名句"停车坐爱枫林晚，霜叶红于二月花"中的"爱晚"二字，取代"红叶"。罗典觉得"爱晚"二字改得好，连连说："惭愧，惭愧！"不仅立即决定把"红叶亭"改为"爱晚亭"，而且从此以后，对于进山拜访的学者，尤其是年轻的学者热情接待，再也没有怠慢过。就这样，"红叶亭"变成了"爱晚亭"。

200年来，袁枚改亭名已经成了一段富有传奇色彩的佳话，不胫而走，很多人也深信不疑。虽然根据史料的记载，真正把"红叶亭"改为"爱晚亭"的另有其人（清朝湖广总督毕沅），但长沙人为什么偏爱袁枚改名这个说法呢？我想原因在于：一方面，袁枚的确两次来到长沙（乾隆元年，1736年，袁枚21岁；乾隆四十九年，1784年，袁枚69岁），访问过岳麓书院；另一方面，这说明了岳麓书院的开放、包容和广泛的学术交流。在这样的氛围中培养出的学生当然就容易出类拔萃。

不过，岳麓书院有大家、大师，固然有利于培养学术上的精英、科举考场上的佼佼者，但要培养出具有良好品德、忧国忧民、经邦济世的国家栋梁，还必须有独特的办学特色和办学思路。那么，在这方面，岳麓书院有什么独特之处呢？

四、中国最早的大学学规

每所大学都有自己的校规或叫学规，还有一个名称叫学生守则。很多学校还印成了小册子，叫"学生手册"。中国最早的大学校规产生于哪里？具体内容又是什么呢？

我国最早的大学校规就产生在岳麓书院。当时叫学规，制定这个学规的是一个叫王文清的山长。

王文清（1688—1779年），字廷鉴，号九溪。湖南宁乡人，雍正二年（1724年）进士，精于经史，名望很高。乾隆十三年（1748年），受长沙知府吕素高聘请，担任岳麓书院山长。当时，岳麓书院生源不济，院舍草木丛生，尤其是时任湖南巡抚的杨锡绂与长沙知府吕素高不和，有意利用城南书院（长沙的另一座书院）取代岳麓书院的地位。所以，岳麓书院的发展到了一个低谷。

王文清到任后，整理院舍，整顿院规，依靠个人声望，勉励劝学，扩大生源。在王文清的努力下，那些读书士子争先恐后地打理好行李，从湘江东岸的城南书院，渡江来到湘江西岸的岳麓书院。长沙地方政府也把岳麓书院重新当作举行祭孔等文化活动的中心，岳麓书院得到了中兴。

不过，王文清对岳麓书院的最大贡献还不仅仅在于中兴，而在于他首次制定了《岳麓书院学规》。这个学规共18条，108个字，内容分为两个部分，前10条是学生的道德行为规范：忠、孝、庄、俭、和、悌、义等；后8条是具体的学习内容和方法：讲经、诵读、做笔记、通晓时务等。学规通俗易懂，但又寓意深刻。我们看其中的几条：

第一条，要求学生"时常省问父母"。中国的孝文化根深蒂固，百善孝为先嘛！书院的学生来自湖南全省乃至全国各地，所以，书院要求学生以书信形式，或托友人，或隔一段时间返乡等形式，时常省问父母大人的安康。

第三条，"气习各矫偏处"。书院学生都是十几二十几岁的年轻人，正处在人生观、世界观和个性塑造和形成的时候，所以，要矫正个人行为中的偏执，养成良好的品性，能够与人和睦共处。这一点对一个人一生的发展都非常重要。

第五条，"服食宜从俭素"。封建社会，一般的老百姓是上不起学的，能到书院读书的大多是富裕家庭的孩子。王文清认为，年轻人应该过节俭、朴实的生活，不能在服装、饮食等方面太奢侈。这样，才能体会到生活的不易，将来走向社会才能为国家、为广大百姓考虑，成为国家的有用之才，而不是奢侈腐败的蛀虫。

还有"读书必须过笔""疑误定要力争"，是提倡学生读书时要养成做笔记的好习惯。这是古人学习的一个好方法。俗话说：好记性不如烂笔头。同时，有疑问一定要提出来，善于发现问题，通过争论、辩论来弄清楚问题的实质，不能不懂装懂、囫囵吞枣。

王文清制定的《岳麓书院学规》是我们见到的我国最早的大学学规。这些学规即使放到今天的大学也很有借鉴意义。比如，现代的大学生往往都是娇生惯养出来的，很多大学生除了身上没钱花了向父母要钱，平时很少打电话问候父母；很多大学生娇气、偏执，说不得，吵不得，与同学的沟通能力很差；还有一些大学生讲究吃、讲究穿，叫外卖，穿名牌，家里不差钱，浪费严重。

而学习习惯方面呢？由于现代大学生们都有了手机，读书上课很少动笔了，上课的时候，拿出手机，把老师的讲课大纲一拍照就完事了。而到真正写文章的时候，提笔忘字，基本的汉字都不会写了。有了疑问和问题也懒得和老师、同学交流，考试的时候突击一番，只要不挂科就万事大吉了。

对照200年以前岳麓书院的学规，我们很多大学生应该感到汗颜的。

尤其值得注意的是，王文清还非常重视社会实践对于学生教育的重要性。史书记载，王文清：

> 一生不肯为凿空无据之谈，而必以实事求是、切于人生日用之学为归宿。
>
> ——曹典球《王九溪先生年谱序》

所以，在18条学规的第13条，王文清明确提出书院的学生应该"通晓时务物理"，就是提倡学生除了学习书本知识，更要接触社会，了解社会，为将来经世济民打下良好基础。

不过，这一条学规，不是王文清首创的。岳麓书院建立之初，就确立了一个明确的办学宗旨，即教育学生重实践、行践履。清朝学者全祖望曾评价道：

> 南轩弟子，多留心经济之学。
>
> ——全祖望《宋元学案·岳麓诸儒学案》

南轩就是南宋时期岳麓书院的山长张栻，经济之学就是反对仅仅以科举考试为目的，而是注重实践、关注社会的经邦济世之学。

到了清代，考据学盛行，但岳麓学子在王文清等人的倡导下，仍讲求义理和经济之学，把重务实、行践履的学风进一步发扬光大起来。正如清代学人罗汝怀所说：

> 湖湘尤依先正传述，以义理、经济为精闳。
>
> ——罗汝怀《绿漪草堂文集》

《岳麓书院学规》制定于1748年，曾经的岳麓书院的学生魏源、曾国藩、谭嗣同等，都对《岳麓书院学规》推崇备至。而他们自身学识渊博，忠君爱国，又不拘泥于空虚的学问，强调务实，传承了传统儒家经邦济世的情怀与传统实学的经世致用精神，面向现实，关注国计民生。

青年时期毛泽东的很多老师，比如符定一、杨昌济等都曾经是岳麓书院的主讲老师。1925年前后，毛泽东曾寓居在岳麓书院的半学斋（今），从事主编《湘江评论》、组织新民学会等革命工作。他耳濡目染岳麓书院的教风、学风，亲口诵读王文清制定的《岳麓书院学规》，曾经在这里立下了"文明其精神，野蛮其体魄""自信人生二百年，会当水击三千里"的远大抱负。这段时期，不仅为毛泽东以后长期艰苦的革命生涯奠定了良好的基础，而且对后来毛泽东思想的形成产生了深刻影响。所以，从毛泽东身上表现出的远大志向、渊博学识以及济世安邦的情怀，我们不难看出岳麓书院学风的印记。

这就是长沙。它不仅有臭豆腐，有橘子洲、岳麓山，更有马王堆汉墓、贾谊故居、爱晚亭、岳麓书院。这些都是中国文化中的长沙元素。而这一切又都一再印证着岳麓书院大门前的这副千古名联：

> 惟楚有材，于斯为盛。
>
> ——岳麓书院对联

这既是对近代长沙人才辈出的集中概括，也反映出长沙人的自信与豪情，从而折射出以长沙为核心的湖湘文化的灿烂光辉。

我曾经两次到长沙，两次徘徊在橘子洲头，长时间流连在岳麓书院，感慨很多。我一直认为："山为城市之脊，水为城市之源；人为城市之灵，文为城市之魂。"而长沙这座城市则四者兼备。

请看下一章：永州古城枕湘川！

第七章

永州古城枕湘川

城市文化自测题

1. 以下作品不是出自柳宗元的是_____。

　　A.《江雪》　　　　B.《陋室铭》　　　C.《捕蛇者说》　　D.《永州八记》

2. 李郃是湖南历史上的第一个状元,他是_____。

　　A. 唐朝人　　　　B. 宋朝人　　　　　C. 明朝人　　　　　D. 清朝人

3. 以下关于"江永女书"的陈述,不正确的是_____。

　　A. 世界上唯一的女性专用文字　　　　B. 太平天国铜币上铸有女书

　　C. 字体外观呈长菱形类似"多"字　　D. 采取私塾形式世代相传

4. 最早以"潇湘"美景为题,创作了八幅山水画作品的宋代画家是_____。

　　A. 郭熙　　　　　B. 宋迪　　　　　　C. 李唐　　　　　　D. 范宽

5. 宋代出现的"潇湘八景"不包括_____。

　　A. 平沙落雁　　　B. 江天暮雪　　　　C. 洞庭秋月　　　　D. 金池夜雨

　　注:以上皆为单选题,参考答案附在本书末。

开篇的诗

咏永州①

山连水来水连山，山水铭记柳宗元②；

潇湘八景③多奇秀，江永女书④天下传！

【注】

①永州：雅称"潇湘"，位于湖南省南部潇、湘二水汇合处，国家历史文化名城。

②柳宗元：祖籍河东郡，21岁进士及第。永贞革新失败后，被贬为永州司马。在永州生活10年，创作了《永州八记》《捕蛇者说》等著名作品。

③潇湘八景：相传为潇湘一带的湖南八处佳胜。

④江永女书：又称"女书""女字"，即妇女文字，是湖南永州江永流传下来的女子专用汉字。

唐诗是我国的文化瑰宝，有很多名篇、名句，至今仍被人们广为传诵。相信大家对下面这首唐诗不会陌生：

千山鸟飞绝，万径人踪灭。

孤舟蓑笠翁，独钓寒江雪。

——柳宗元《江雪》

对，这首诗的诗名叫"江雪"，作者是唐朝诗人柳宗元（773—819年）。在这首诗中，诗人为我们描写了这样一个场景：在天寒地冻、人鸟罕至的山野，大雪纷飞的江面上有一叶小舟，一个老渔翁独自在寒冷的江心垂钓。这个场景仿佛一幅立体画，韵味无穷、美不胜收，给读者以无限遐想的空间。它也成为柳宗元的代表作，世代流传。

以往读这首诗的时候，只是觉得它读起来朗朗上口，描写的意境很美，很喜欢它，很少去联想与这首诗相关的其他问题。但正如唐代大诗人白居易指出的那样："文章合为时而著，歌诗合为事而作。"写文章、作诗都不是无缘无故的，都是有背景、有原因的。很多朋友也许和我一样，没有想到，这首诗的创作地竟然是湖南南部的历史文化名城永州。

那么，问题就来了：柳宗元是永州人吗？我可以告诉大家，不是的，他的祖籍在河东，是河东（今山西省运城市）人，所以，他又被称为"柳河东"。那么，他是在什么时候、因为什么原因到了永州？诗中的"千山"是哪里的山，"江雪"又是哪条江上的雪呢？

下面，我们一起走进长江边的历史文化名城——湖南永州。

一、柳宗元贬谪永州

永州位于湖南省南部，湘江上游，也正是从这个意义上，我们也把永州看作长江边的名城。永州山多、水多，山青水绿。但在唐朝，那里地广人稀，还是一个多民族聚居、经济相对落后、区位略显偏远的地区，所以，永州就成了朝廷贬谪、流放官员的地方。柳宗元就是在这样的背景下被贬谪到永州的。

柳宗元是唐代著名文学家、思想家，唐宋八大家之一。他出身官宦世家，祖上世代为官。他从小接受了良好的教育，进士及第后在都城长安为官，官至礼部员外郎。唐顺宗在位时期，柳宗元针对当时藩镇割据、朋党相争、宦官专权的局面，想有所作为，所以，积极参与了王叔文集团的改革活动，历史上称为"永贞革新"。一开始，改革进行得轰轰烈烈，但仅持续了100多天的时间，即遭到掌握实权的宦官集团的激烈反对，改革宣告失败，参与改革的官员纷纷被罢免或贬谪。柳宗元是改革的积极倡导者和参与者，当然在被清洗的行列，所以，永贞元年（805年）九月，柳宗元被贬为邵州刺史，途中再贬为永州司马（外置同正员），被贬到湖南永州，至元和十年（815年）才应诏回京。这一贬就贬了10年时间（805—815年）。

从繁华的帝都，到偏远的永州，这给柳宗元心理上带来了极大落差，但并没有使他消沉下去。因为是贬官，手中无实权，还被管制，所以，柳宗元就做些力所能及的工作。这些工作主要包括两方面。

一方面，他怀着好奇心和热心，体察民情，结交当地士子和百姓，考察永州的山水。这期间，他写下了《捕蛇者说》和《永州八记》等影响很大的作品，后来，《捕蛇者说》还被选进了中学教科书。

永州之野产异蛇：黑质而白章，触草木，尽死；以啮人，无御之者。

——柳宗元《捕蛇者说》

山高林密就会有很多蛇，柳宗元描写的这种"异蛇"能治病，后来成为贡赋之一。永州当地的捕蛇人为了得到这种蛇，进山寻蛇，不少人因被蛇咬而丧命。实际上，柳宗元是想借助这篇文章表达赋敛之毒有甚于蛇的理念，这也正体现了白居易"文章合为时而著，歌诗合为事而作"的思想。《永州八记》则是柳宗元遍览永州美丽山川时留下的游记作品，比如其中的一篇《小石潭记》，表达了他对永州山水的热爱，后世称"永州八记"为山水游记之祖，评价极高，永州的秀丽山水因为柳宗元的《永州八记》而逐渐为世人所知。

另一方面，作为一个文人，柳宗元把在永州的大量时间用在读书著作上。据统计，柳宗元一生著述600多篇诗文，有《柳河东集》流传于世。其中，有近400篇为永州时所著，包括著名的《封建论》《天说》以及大量诗作。当然，也包括柳宗元的五言绝句《江雪》。

《江雪》中的"千山鸟飞绝"的"千山"说明永州多山，而且西北、西、西南三面环山，我们不确定是哪座山。

"独钓寒江雪"的"寒江"有几种可能：一是湘江，二是湘江的支流潇水，还有可能指漓江。大家知道，历史上有一条著名的运河叫灵渠，秦始皇时期（前214年）修建的，在广西兴安县境内，将湘江的源头海洋河与漓江的源头大溶江相连，沟通了湘江、漓江，将长江水系和珠江水系打通，成为长江流域沟通南海的重要水上通道。时至今日，灵渠依然发挥着它的水利作用，使永州以及湘江之滨的长沙、湘潭等城市有了出海口。兴安是湘江和漓江的源头，山高冬寒，冬天降雪的可能性也大，加上临近永州，柳宗元的足迹也可能会遍及那里。

文人不幸江山幸，这是贬官文化的一大特点。柳宗元的《捕蛇者说》《永州八记》《江雪》等千古名篇，让永州山水名扬天下，让永州这座湘江上游偏远的小城成为中华民族文化的永久记忆。

二、罢矮奴贡的阳城

当然，无论《捕蛇者说》《江雪》《永州八记》写得再好，也只是从一个侧面反映了古代永州的面貌，还远远不能满足我们全方位了解一座长江边的历史文化名城的渴望。下面这几件事和一些重要的历史人物也许能帮助我们对永州有一个相对全面的认识。

就在柳宗元被贬谪到永州的前几年，有一位道州刺史做了一件在永州很得民心、影响巨大的事，即罢矮奴贡，并因此名垂青史。唐代，永州、道州、郴州和衡州被称为湘南四州。道州，今属于永州，称道县，因此，我们也把它作为永州历史的一部分看待。那么，矮奴贡是怎么回事呢？

封建时代，地方给朝廷上贡是惯例，但一般都上贡地方特产，古代叫作土贡。比如，春秋战国时期楚国给朝廷上贡用于过滤酒的苞茅、香茅，自贡曾经给明朝廷进贡上等的盐，等等。而柳宗元的《捕蛇者说》给我们透露出的信息是，当时的永州要向朝廷进贡异蛇，用于制药。但很少有朋友听说地方给朝廷上贡人的吧？而矮奴贡就是上贡矮奴的。

矮奴，顾名思义，就是侏儒、小矮人。据记载，永州向朝廷进贡小矮人始于隋炀帝时期。一开始，隋炀帝下诏，让各地进贡太监。永阳县，也就是今永州市道县的地方官想讨好朝廷，就进献了一个矮小、伶俐、能言善辩的太监王义。进宫以后，王义深得隋炀帝喜欢，隋炀帝常常把他带在身边取乐。此例一开，便成了地方的祸害。到了唐朝，向朝廷进贡矮奴便成为定制，规定道州岁贡一人，也就是每年贡一人。大诗人白居易也有诗记载这件事：

道州民，多侏儒，长者不过三尺余。
市作矮奴年进送，号为道州任土贡。
任土贡，宁若斯？
不闻使人生别离，老翁哭孙母哭儿。

——白居易《道州民·美臣遇明主也》

从这段记载来看，当时的永州人个子的确不高。但无论高矮，他们是堂堂正正的人，不是奴啊。可地方官为了完成向朝廷进贡的任务，不惜迫害百姓，甚至出现了什么情况呢？提前将选定的婴儿从小放进特制的坛缸内，限制其身体正常的生长发育，这不是伤天害理、惨无人道的恶政吗？此举造成很多家庭生离死别，老翁哭孙母哭儿，激起很大民愤。所以，矮奴贡是一项"涉及面不大，伤害性极强"的弊政。直到一位官员到来，才彻底废除了这个弊政。

这位官员叫阳城，他有着和柳宗元相似的经历。他是陕州夏县人，精通经史，进士出身，官拜左谏议大夫。为人耿直，直言敢谏，因此在朝廷也得罪了不少权贵，唐德宗时被贬为道州刺史。他在道州刺史任上，做了很多对百姓有利的好事，深得道州百姓的赞誉，但最得民心的就是废除了矮奴贡制。

他深入民间，全面掌握了矮奴贡的情况后，给当朝皇帝德宗上书，坚决主张废除矮奴贡。他说，我来到道州，只知道这里有矮人，但不知道有矮奴。"只有矮民无矮奴"，意思是说，都什么年代了，还要进贡矮奴，不是对朝廷宣扬的正大光明政治的一种讽刺吗？看到奏章，德宗皇帝觉得很有道理，也为阳城直言敢谏的品德所感动，从而废除了这项摧残人性的苛政、暴政。

得知这一消息，道州老百姓奔走相告，无不拍手称快。阳城的这一作为，无疑除了老百姓的一大心病。

阳城为道州老百姓着想不仅反映在废除矮奴贡这一件事上，还有一件事，也反映了阳城的确是位维护百姓利益的好官。史书记载，阳城在道州任上，感觉百姓税负过重，所以，办税往往不力，也就是说常常拖欠国家给道州规定的赋税。很明显，这是阳城有意为之。在他看来，百姓少交一些赋税，就少一些负担，多一份生活来源。当然，阳城这样做，给中央和朝廷就没法交代。有一次，朝廷派出判官到地方督察赋税征缴情况，到了道州，却不见阳城出来迎接。判官问出来迎接的道州属吏是怎么回事，属吏说，阳刺史感觉自己有罪，坐到牢房里等着判官去问罪了。判官听后，哭笑不得。阳城就是用这种不是办法的办法，冒着丢官罢爵的风险，也要保护地方群众的利益。遗憾的是，就在柳宗元被贬谪到永州的那一年，805年，阳城积劳成疾，病逝在道州刺史任上。

以往，相信很多朋友都曾经听说过不少百姓称道的古代清官的故事，比如包拯、范仲淹、于成龙、海瑞等，但像阳城这样的好官也不应该湮没在历史的长河中。

三、湖广第一个状元

《捕蛇者说》《永州八记》《江雪》以及矮奴贡给我们的感觉是，永州是一个偏僻、落后的地方。但不要忘记，由于像柳宗元、阳城这样的饱学之士的到来，再加上灵渠沟通长江与珠江流域，永州处在水上交通的枢纽地带，所以，南来北往的文人、学士很多，这也使永州成为文人和文化荟萃之地，在文化教育方面不保守，不落后。有两个文化事件都说明了这个问题。

一个文化事件是，晚唐时期永州出了一个状元。状元是什么意思？进士科考榜前三名分别是状元、榜眼、探花。前面我们说过，柳宗元、阳城都是进士出身，但都不是状元。而就在柳宗元离开永州十年后，永州就出了一位状元，意义非凡啊！

史书记载，永州的这位状元叫李郃（808—873年），唐朝延唐县人（今永州市宁远县人），唐文宗大和二年（828年），举贤良方正，被推荐到长安赴考。廷试中，李郃表现优异，考官一致推荐，文宗面试，擢进士第一，那就是状元。当时，我国的政治、文化中心还在北方的中原地区，科举考试成绩优异者也大多出自北方，柳宗元、阳城也都是北方人，而据我们现在能够掌握的资料，李郃是湖南历史上第一位状元，甚至放到湖广，包括湖南、湖北、广东、广西、海南等地也是第一位状元。

那么，这位李郃是如何做到的呢？

其中，当然有柳宗元、阳城等这些文化大家带来的文化风尚的影响，具体到李郃，还有他的家庭影响和他个人的刻苦努力。据记载，他是官宦世家，先祖曾做过南齐的荡寇将军，祖父（李周延）和父亲（李太渊）先后任道州文学（相当于一个州教育部门的主管）。这样的家庭，使李郃从小就能接受良好的教育。当然，再好的家庭条件，自己不努力也是不行的。李郃从小就是一个读书非常刻苦的孩子。他的家在九嶷山下，而这座山也是一座文化圣山。据司马迁在《史记·五帝本纪》中记载，五帝之一的舜帝曾南巡到九嶷山，死后，又葬在九嶷。所以，今天，九嶷山有舜陵。李郃从小听祖父、父亲讲舜帝爱民亲民的故事，对舜帝充满了敬仰。据当地百姓传说，九嶷山有个读书岩，相传就是李郃小时候在山中读书的地方。他在舜帝精神的感召下，每天对着高山空谷大声诵读《论语》《孟子》《尚书》《诗经》，为日后的科举考试一举夺魁奠定了深厚的文化功底。

遗憾的是，这位湖广的第一位状元在仕途上并没有那么顺利。怎么回事呢？与他同科的一位考生叫刘蕡，这人非常正直，直言宦官当道，祸国殃民。考官惧怕宦官势力，不敢录取刘蕡。李郃得知此消息，觉得刘蕡的才华和能力不在自己之下，于是，不顾个人得失，大胆上书文宗，请求朝廷收回授予自己的状元功名，改授给刘蕡。够仗义的！但最终呢，当时已经到了唐朝晚期，宦官专权，皇帝和包括考官在内的官僚们都受宦官操控。所以，李郃的意见没有被采纳，他仍是状元，刘蕡也没有被录取。这在很大程度上影响了李郃的仕途，和他同科考中进士的大都被授予京官，后来，还有几人当上了高官，而李郃因为得罪宦官，被排挤出京，出任河南参军。再后来，因为政绩突出，他升任贺州刺史、礼部侍郎。晚年，退职还乡，寄情山水。

但李郃毕竟是状元，还多才多艺，据宋朝文献《太平广记》记载，李郃还是叶子戏的发明者。

> 唐李郃为贺州刺史，与妓人叶茂连江行，因撰骰子选，谓之叶子。
> ——《太平广记》引《咸定录》

叶子戏是我国流行的麻将的原型，如果这条史料属实，那么，永州的这位状元还为普通百姓的休闲娱乐事业做出了突出贡献。

我们说，在唐代中期以前，我国的政治、经济和文化中心一直保留在北方的黄河中下游地区。安史之乱后，经济中心逐渐南移至长江中下游地区，但政治和文化中心并没有随之南移至长江流域。李郃这个事件虽然是个孤例，但意义重大。有第一就有第二、第三，接着会有无数个像李郃这样的状元，为长江流域文化教育事业与黄河流域齐头并进、交相辉映做出贡献。

四、江永女书与潇湘八景

第二个文化事件是江永女书。女书是我国古代女性专用的文字，因流行在永州的江永县而得名江永女书。

这种女书是什么样子呢？1993年，南京发现了一枚太平天国铜币，该币的背面用女书字符铸印了八个大字：天下妇女，姊妹一家。这使世人在江永之外的地方见到了女书长什么样。其实，这种字体脱胎于汉字，是方块汉字的变形。字体外观呈长菱形，类似"多"字的体形。乍看上去像甲骨文，修长秀丽，十分美观。为什么太平天国的钱币上会有江永女书呢？据记载，太平天国从广西发动金田起义后曾过江永北上，在江永一带驻留，并扩充军队。太平天国征召女兵，设立"女营"，很可能就有懂得女书的江永妇女加入了太平天国"女营"。而后，随着太平军沿长江而下，一直打到南京，可能有哪位没有留下姓名的江永妇女还做了有一定话语权的高官，在铸币时采用了特殊的江永女书，于是留下了这段珍贵的历史记忆。

研究表明，这种文字在江永一带至少流传了上千年。现存女书作品绝大部分为七言诗体唱本，其载体分纸、书、扇、巾四大类，内容大多描写当地汉族妇女的婚姻家庭、社会交往、乡野逸闻、民风民俗等，如《四字女经》《哭嫁歌》《孟姜女》《太平军过永明》等。至于流传形式，一方面，是母亲传给女儿、老人传给少女的自然方式；另一方面，江永的妇女有唱歌堂的习惯，常常聚在一起，边做女红边唱歌，传授女书。唱习女书的活动被当地人叫作"读纸""读扇""读帕"。久而久之，这种女书文化代代相传下来。

江永女书的意义重大。它是我国而且是世界上唯一的一种特为女人存在的文字。那么，为什么这种具有世界文化意义的文字会出现在永州的江永呢？

我觉得这不是一个简单的问题，其中的原因可能很复杂。但有两点可能与此有关。

一是维护自身权利、交流特殊感情的需要。封建时代女性地位偏低，长期受男权的压迫和奴役,女书的出现应该是她们追求个性自由、交流特殊感情、维护自身权益的需要。特别是江永地方偏僻,山林密布,汉民族与瑶族等少数民族杂居,方言多,交流不便,女书则在女性交流中搭起了桥梁,大大便利了这种交流。

二是江永女性聪明智慧、江永文化发达的标志。任何发明创造,不管是科学技术还是文化教育方面的发明,没有高超的智慧都是不可能的。关于女书的发明,当地流传着很多优美的传说,都表明永州江永女性是一个颇具智慧、心灵手巧的群体;再加上像舜帝、柳宗元、阳城以及李郃这样的文化名人给予这块土地的文化滋养,这才孕育出了江永女书这种神奇的文化现象。今天,江永女书已经成为我国的非物质文化遗产,成为长江文化中的一朵野玫瑰,正在受到合理的保护、传承与弘扬。

当然,李郃考取状元也好,江永女书的发明也好,并不能从总体上说明当时的永州已经是经济、文化发达的繁华都市,而《永州八记》《江雪》等表现出来的人口较少、环境较好才是千年前永州城市发展的基本判断。而且,这种判断还因为一种特殊的景观形象得到了人们的公认。

在很多朋友的印象里,诗意江南有很多意象,如小桥流水、杏花春雨等,但我觉得还有一种特殊的意象——"潇湘"。熟悉《红楼梦》的朋友都知道,林黛玉在大观园里居住的就是潇湘馆,林黛玉自号"潇湘妃子",她甚至被作者曹雪芹称为林潇湘。潇湘馆遍植翠竹,小桥流水,营造出了微缩版的江南美景。那么,"潇湘"二字有何真意呢?

其实,潇指潇水,它是湘江的支流,主要流经永州地区,刚刚我们说到的女书发明地江永县就位于潇水之畔。湘,当然是湘江。所以,从地域范围讲,狭义的潇湘指的就是永州地区。但自从柳宗元贬谪永州写了大量关于永州的作品,同时在其他文人士大夫,比如,直言敢谏的阳城,第一位状元李郃,诗人元结,书法家颜真卿、怀素等的影响下,永州所在的潇湘之地便成为人们心目中遥远、宁静、美丽的所在,似乎有点类似于陶渊明的桃花源了。所以,到了五代、北宋时期，就有不少画家用画笔描写潇湘美景。据沈括《梦溪笔谈》记载，北宋山水画家宋迪特意以"潇湘"美景为题，创作了八幅山水画作品，分别命名为"平沙落雁""远浦归帆""山市晴岚""江天暮雪""洞庭秋月""潇湘夜雨""烟寺晚钟""渔村夕照"，并把它们称为八景，这就出现了所谓的"潇湘八景"。后来，大书法家米芾又给每幅画题写了一首诗，形成所谓的潇湘八景诗，潇湘八景逐渐名扬天下。

明清时期，几乎所有的城市都有所谓的八景。比如，我所在的开封就有汴京八景——"繁台春色""铁塔行云""金池夜雨""州桥明月""梁园雪霁""汴水秋声""隋堤烟柳""相国霜钟"，甚至一些州县、乡镇、村庄也要想办法凑够自己的"八景"。我国形成了"潇湘八景"文化热。影响大的时候，潇湘八景绘画的题材和技法传入日本，在日本掀起了"八景热"。南宋诗人陆游有诗曰："挥毫当得江山助，不到潇湘岂有诗？"意思是说，即使再有才情的诗人，挥毫创作时也应有山水风光的帮助，不到潇湘一带去，岂能写出好诗？这更激起文人诗家到潇湘、到永州去追寻梦中潇湘美景的热情。

当然，"潇湘八景"里的"八景"不全是描述永州的美景，比如"洞庭秋月"描写的明显是洞庭湖的风光。所以，"潇湘八景"实际上涵盖了湖南的美景。但无论如何，追根溯源的时候，潇湘一说我们还得追溯到永州。

请看下一章：九省通衢大武汉！

第七章

九省通衢大武汉

1. "黄鹤楼中吹玉笛,江城五月落梅花。"这句诗出自诗人_____。

   A. 崔颢　　　　　B. 孟浩然　　　　C. 李白　　　　　D. 刘禹锡

2. 汉口被称为"九省通衢"是在_____。

   A. 三国时期　　　B. 唐朝时期　　　C. 宋朝时期　　　D. 明清时期

3. 汉口发展早期,很多周边移民来到汉口谋生,其中也包括很多能工巧匠。归元寺的五百罗汉出自_____。

   A. 黄陂手工艺人　B. 孝感手工艺人　C. 咸宁手工艺人　D. 黄石手工艺人

4. 中国历史上,"四大药店"曾经享有盛名。其中,位于武汉的是_____。

   A. 同仁堂　　　　B. 胡庆余　　　　C. 陈李济　　　　D. 叶开泰

5. 在中国近代史上,汉阳枪炮厂生产的"汉阳造"步枪曾经发挥了非常重要的作用。汉阳枪炮厂的创建者是_____。

   A. 曾国藩　　　　B. 李鸿章　　　　C. 张之洞　　　　D. 左宗棠

注:以上皆为单选题,参考答案附在本书末。

开篇的诗

咏武汉[①]

大江大湖[②]大武汉，九凤九鹤九省连[③]；

再到一鸣惊人[④]时，敢教三镇[⑤]换新天！

【注】

①武汉：简称汉，别称江城、九省通衢。位于长江中游，长江及其最大支流汉江在此交汇。

②大江：指长江。大湖：指位于武汉武昌东部的东湖。东湖是我国水域面积最大的城中湖，水域面积达33平方千米，是杭州西湖的六倍。

③九凤、九鹤：代指九头鸟。民间用"九头鸟"来代指武汉人的聪明睿智，而在历史上，武汉又曾经把凤凰作为早期的图腾，以黄鹤来命名黄鹤楼。九省连，通过长江与汉江可以使武汉与云南、贵州、四川、湖南、广西、陕西、河南、江西以及湖北各地连通。

④一鸣惊人：成语典故，比喻平时没有突出表现，一下子做出惊人的成绩。出自《韩非子·喻老》："虽无飞，飞必冲天；虽无鸣，鸣必惊人。"一鸣惊人记载了春秋五霸之一的楚庄王的故事。

⑤三镇：指武昌、汉口与汉阳，俗称武汉三镇。

传说一个四川人和一个湖北人吹牛。四川人说："四川有座峨眉山，离天只有三尺三。"湖北人则说："湖北有座黄鹤楼，半截插在云里头。"惊得四川人目瞪口呆。大家知道，峨眉山是四川人的骄傲，黄鹤楼是湖北人的骄傲，从绝对高度（也就是海拔高度）上说黄鹤楼没有峨眉山高，但是，因为黄鹤楼位于武汉三镇之一——武昌的蛇山（古时叫黄鹄山）之上，面朝滚滚长江，周围是一望无际的江汉大平原，视野开阔，高耸入云，所以，被誉为"万里长江第一楼"。

一、李白搁笔黄鹤楼

根据史书记载，黄鹤楼始建于 223 年，是三国时期东吴的孙权为抗衡曹操而修建夏口城时命人建造的，最初建楼是出于军事上瞭望守戍的需要。以后，黄鹤楼逐渐失去军事作用而成为人们登临游览的好去处。围绕着这座名楼，也留下了不少脍炙人口的优美故事。

唐开元十三年（725 年），大诗人李白"仗剑去国，辞亲远游"。一路上，他既欣赏了三峡美景，也曾登临岳阳楼赋诗，大饱眼福。这一天，他来到武昌，登上了黄鹤楼，滚滚长江历历在目，旖旎风光尽收眼底。他不由感慨万千，诗兴大发，正酝酿诗稿之时，忽然发现黄鹤楼的题壁（古代一些酒店、茶楼、游览场所专门开辟的一面墙壁，供一些知名人士题写诗词）上已经留下不少前人的吟咏之作。很多诗李白都没有看上眼，当然能让"诗仙"看上眼的诗也不会太多。而其中的一首诗却引起了李白的高度关注：

> 昔人已乘黄鹤去，此地空余黄鹤楼。
> 黄鹤一去不复返，白云千载空悠悠。
> 晴川历历汉阳树，芳草萋萋鹦鹉洲。
> 日暮乡关何处是，烟波江上使人愁。
>
> ——崔颢《黄鹤楼》

诗的作者叫崔颢。李白对崔颢有所耳闻，知道他是来自汴州（今河南省开封市）的一位诗人，但在此之前，崔颢的诗名并不大。乍一看这首七言律诗，李白并没有觉得它好，而且还犯了不少作诗的忌讳，比如，三次重复运用"黄鹤"

一词，显得有些累赘；同时，律诗讲求对仗工整，"晴川历历汉阳树，芳草萋萋鹦鹉洲"对仗了，而"黄鹤一去不复返，白云千载空悠悠"就没有对仗。所以，对仗也不够工整。但李白仔细品味，越品味越觉得这首诗不同凡响。

这首诗形象地描述了诗人站在高高的黄鹤楼上看到的情景，黄鹤的优美传说、武昌北岸的汉阳城、长江江心的鹦鹉洲等，历历在目，跃然纸上；同时，作者抒发了漂泊异乡的愁绪、人生的短促与宇宙的无穷，寓意深刻，入木三分。全诗不以词害意，打破常规，一气呵成，行云流水，宛自天成。李白叹服不已，于是，口中念念有词："眼前有景道不得，崔颢题诗在上头。真是好诗，好诗！"随即搁笔下楼，打消了赋诗的念头。

这就是李白搁笔黄鹤楼的故事。这个故事在《后村诗话》（南宋刘克庄）、《唐才子传》（元代辛文房）等史料中都有记载，唐宋之后流传很广。从此以后，不仅受到"诗仙"李白推崇的崔颢跻身一流诗人的行列，成了著名诗人，而且黄鹤楼的名气更大了。

当然，"诗仙"毕竟是"诗仙"，李白并没有因为崔颢的缘故就不再题写黄鹤楼了。恰恰相反，李白与黄鹤楼的缘分很深。根据史书记载，除了这次见到崔颢的诗搁笔黄鹤楼外，李白又至少两次来到武汉，写下了多首赞颂黄鹤楼的诗。其中有两首诗流传很广，一首是《黄鹤楼送孟浩然之广陵》：

故人西辞黄鹤楼，烟花三月下扬州。
孤帆远影碧空尽，唯见长江天际流。

——李白《黄鹤楼送孟浩然之广陵》

这是一首送别诗。在烟花三月、春意正浓的时候，李白在黄鹤楼下的码头送诗人孟浩然顺长江而下到广陵，也就是扬州。当时扬州远比武汉繁华，是长江下游令人向往的一座中心城市。李白把孟浩然送上船，然后，目光望着帆影，一直到船消失在碧空的尽头，只剩下了一江春水流向远处天际线的尽头。诗情画意，令人回味。

乾元元年，即 758 年，李白因为被卷入永王李璘的叛乱而触怒唐肃宗，被流放夜郎。经过武昌时，李白再次登上黄鹤楼，创作了另一首诗：

一为迁客去长沙，西望长安不见家。
黄鹤楼中吹玉笛，江城五月落梅花。

——李白《与史郎中钦听黄鹤楼上吹笛》

诗中的后两句"黄鹤楼中吹玉笛，江城五月落梅花"后来传诵很广，武汉被誉为"江城"即来源于此。

李白与黄鹤楼的这几段缘分给黄鹤楼增色不少，也使黄鹤楼成为武汉的文化地标，成为历代文人士大夫、普通游人登临的胜境。

不过，武汉和长江沿岸的其他城市不同。它是由长江南北两岸的三座城镇——武昌、汉阳和汉口组成的，在相当长的历史时期，三镇是各自独立发展的。直到 1927 年，国民政府才决定将武昌与汉口、汉阳合并，定名为武汉。

那么，在合并以前，汉口和汉阳又都经历了历史上哪些高光时刻呢？

二、九省通衢的汉口

先说汉口。

顾名思义，汉口就是汉江之口的意思。这个地方原来是一块芦苇荡和沼泽遍布的不毛之地。明代中期的成化年间（1465—1487 年），汉江由此注入长江（在此之前，汉江流入长江的江口频繁移位），沿长江和汉江岸边水深流缓，为过往船只提供了天然的避风良港，于是，汉口就逐渐成为武汉的水码头所在地。

大家知道，现代最便利的交通方式是高铁、飞机或高速公路，而在古代，走水路是最好的交通方式：从速度上说，比陆路快；从费用上讲，比陆路省；又卫生、安全，还能欣赏美景。所以，水路就成为货物运输和人们长途远行的理想选择。汉口码头位于长江中游，中国大陆腹地，通过长江干流可以连接东部的江苏、浙江，西部的四川、云南、贵州；通过汉江可以连接北部的河南、陕西；通过赣江可以连接江西；通过洞庭湖、湘江可以交通湖南、广西，是名副其实的长江中游水上交通枢纽。清初康熙年间的著名学者刘献廷曾经到汉口游历后说：

汉口不特为楚省咽喉，而云贵、四川、湖南、广西、陕西、河南、江西之货，皆于此焉转输。虽欲不雄天下，不可得也。

——刘献廷《广阳杂记》

在刘献廷看来，汉口不仅仅是荆楚大地的水上咽喉要道，而且是云南、贵州、四川、湖南、广西、陕西、河南、江西各省粮食、食盐、丝绸、竹木器、瓷器等货物转输和人员来往的水上交通枢纽。即使汉口本身不想成为雄霸天下的商业重镇，那也是不可能的。所以，在明清时期，汉口有一个十分响亮的称谓——"九省通衢"。

人往高处走，水往低处流。汉口码头优越的地理位置、众多的商业机会像磁石一样吸引着人们的目光。所以，大量移民涌入汉口，使汉口从一个不毛之地迅速发展成为一个商业重镇。我们现在经常说"城镇化"，汉口就是我国早期城镇化的典型代表。

汉口的外来移民主要有三个来源。

一类是武汉郊县的农村居民，如黄陂人、孝感人、咸宁人等。至今，在汉口还有以周边邻县命名的街道和地名，如黄陂街、咸宁码头、黄孝河等。尤其是黄陂人，他们心灵手巧，手艺人多，来到汉口后，多从事木匠、铁匠、泥水匠、磨剪子抢菜刀、修雨伞、补鞋子、打豆腐、卖水饺等一些与日常生活密切相关的活动，以谋生立足。很有名气的高洪泰铜锣、曹正兴菜刀、谈炎记水饺等都是黄陂人创造出来的手工艺品牌。黄陂手工艺人给汉口留下的最珍贵的文化遗产还要数汉口著名的佛教寺院归元寺的五百罗汉了。

归元寺罗汉堂建于清道光年间（1821—1850年），后来在战争中毁坏。光绪二十一年（1895年）重建。当时，负责重建罗汉堂的手工艺人就是王代。王代是黄陂人，在汉口闯荡多年，以泥塑技艺精湛著称。据《归元丛林罗汉碑记》记载，王代接下这个活后，以南岳衡山祝圣寺的五百罗汉石刻拓片为蓝本，但他不墨守成规、照搬照抄，而是独辟蹊径。他在参考祝圣寺的五百罗汉石刻画像的基础上取法于人，把在生活中观察到的平民百姓的喜怒哀乐、千姿百态刻画了出来。在工艺上，他首先塑成泥胎模型，然后用葛布、麻线、生漆、观音土等逐层裱糊套塑。这样，既能固形，又历久不朽。王代为了塑像呕心沥血，积劳成疾，塑了九年，完工大半，却不幸去世。接下来，王代的儿子继承父亲未竟的工作，又塑了三年，终于完工。据说，在塑到第499尊时，王代的儿子心想，五百罗汉凝聚着父亲的血汗，父亲又何尝不是自己心中的罗汉呢？于是，为了纪念父亲，他就按照记忆中父亲的体貌塑成了第500尊罗汉。

罗汉堂修造完成后，汉口形成了一个民俗，即到归元寺"数罗汉"。人们进入罗汉堂，随意选择一尊罗汉，按照自己的年龄，顺着数、倒着数都行，数到与自己的年龄相吻合的个数时，观察那尊罗汉的面部表情，预测自己的吉凶祸福、前程好坏。后来，归元寺的高僧还给每尊罗汉配上了解词，比如：

  兴家置业针挑土，坐吃山空浪淘沙。
  春种一粒秋万斛，善有善报种善花。

还比如：

  珠宝盈屋防人偷，夜不能寐日日愁。

何如满腹诗书在，福慧双修路路酬。

实际上都是些教人行善、处世做人的道理，很耐人寻味。直到今天，归元寺的罗汉堂仍然令香客、游人流连忘返，叹为观止。

第二类是来自全国各地的船商。为了便于商业经营，他们往往聚族而居，结成不同的商帮，如湖南帮、山西帮、安徽帮、四川帮、山东帮、江浙帮等。据范锴《汉口丛谈》卷四记载：安徽帮中有一个新安商人，叫程子云，长期居住在汉口，拥有数十艘大船，在长江经营粮食和食盐运输，成为汉口有名的富商。程子云发了财，但为富且仁，他做了两件义事。

一件事是花钱购买了上万张芦席。买这么多芦席干什么？因为汉口居民稠密，屋宇相连，很容易发生火灾。每当发生火灾，程子云就把这些芦席无偿捐献出来，供那些受火灾的居民搭建临时的栖息之地。

第二件事是买了两只大船，平时就停放在汉口码头的江心。当时，汉口码头有20多处，停靠码头的船只常常达到成千上万艘，最多的时候甚至达到两万四五千艘，场面十分壮观。来往船只多了，就容易出现碰擦、溺水等情况。所以，每当遇到来往的船只倾覆或者有人不慎溺水，程子云的这两条船就及时赶过去营救，其作用就好似后来的救生船。

这两件公益事件，除了反映出程子云的高尚品德，还给我们形象地展示了当年汉口码头帆樯林立的生活情景。

第三类是长期生活在汉口的外来商人。汉正街的许多老字号，如叶开泰、谦祥益、汪玉霞等都是外地商人创办起来的，其中叶开泰已有三百多年历史。叶开泰的创始人名叫叶文机，安徽人，其父是一个民间老中医，号称叶神仙。明崇祯四年（1631年），李自成起义军到达安徽。为躲避战乱，叶文机随父逃难到武汉。一开始，他们在汉阳古琴台附近摆起了药摊，行医卖药。6年后，叶神仙去世，叶文机在汉正街买了处老宅，正式挂出了"叶开泰药铺"的招牌。取名叶开泰，寓意为"叶家药铺开业，只图国泰民安"，以叶氏之姓加开泰之意，便名为叶开泰。药铺开业后,生意马上红火起来。什么原因呢?

首先靠祖传品牌打出名气。这些品牌产品主要是四样——参桂鹿茸丸、八宝光明散、虎骨追风酒、十全大补丸。

其次靠质量和诚信赢得顾客。在叶开泰店堂里,高悬两块金匾,分别写着:

> 修合虽无人见,存心自有天知。
>
> ——叶开泰经营理念

在叶文机看来,药是入口的东西,卖药是在凭良心从业。所以,从叶开泰开出来的药,包包货真价实,药到病除,因此其信誉度大幅提升。正因为如此,叶开泰药铺开张后,生意兴隆,声名远播,在20世纪30年代,与北京同仁堂、杭州胡庆余、广州陈李济齐名,成为中国四大药店之一,盛誉经世不衰。1953年,由叶氏家族经营了三百多年的叶开泰药店的制药部分,组建并改名为武汉市健民制药厂。至今,这仍然是我国知名的制药品牌企业。

随着各地移民不断涌入,到了明末,汉口镇的人口增加到数万人;到了清朝初期,增加到10多万人;而到了近代,则达到了50多万人。清朝康熙初年曾经在汉口经营盐业的范锴在《汉口丛谈》中记载,当时的汉口:

> 人烟数十里,贾户数千家。鹾商典库,咸数十处。千樯万舶之所归,货宝奇珍之所聚,洵为九州名镇。
>
> ——范锴《汉口丛谈》

汉口人烟稠密,商贾众多,帆樯林立,生意兴隆,知名度迅速提升,成为我国的名镇。当时,汉口位列四大名镇之一(其他三镇为河南朱仙镇、江西景德镇、广东佛山镇),由此也铸就了一段码头商业文化的传奇。

三、改变中国命运的汉阳造

汉阳城市的形成要比汉口早,崔颢的《黄鹤楼》诗中就有"晴川历历汉阳树",说明汉阳作为一座城镇早在唐代以前就存在了。但汉阳城市的辉煌却比汉口还要晚些,我们先说一个小故事。

1911年10月10日晚上,在武昌蛇山南麓的红楼(楚望台),有一个叫程定国的武汉新军士兵,用汉阳造打响了第一枪。这是一个信号,紧接着,一场大规模的军事革命便在武昌城爆发了。数千名用汉阳造武装起来的武昌新军迅速攻占了武昌城,清朝派驻武昌的地方官员狼狈逃走。由于这一年是旧历辛亥年,这场革命运动便被称作"辛亥革命"。辛亥革命以推翻清朝统治为目标,革命胜利后,迅速得到了全国的响应,各省纷纷宣布脱离清政府的统治而独立。1912年2月,清朝的最后一位皇帝宣统帝溥仪宣布退位,中华民国成立,统治中国两千多年的封建君主专制制度宣告终结,从此,中国进入近代社会。可以说,是汉阳造改变了中国历史发展的进程。

什么是汉阳造呢?

我们不得不提到一个关键人物。他叫张之洞(1837—1909年),是近代洋务派后期的领袖人物。他深感科学技术和工业的落后,积极主张学习西方的先进科技,建立中国自己的工业企业,以对抗西方列强的侵略。1889年,张之洞由两广总督调任湖广总督,驻守武昌,他在湖广总督任上总共干了18年(1889—1907年)。在此期间,张之洞利用武汉三镇优越的地理位置和便利的水上交通条件,把武汉当作了实现自己洋务梦想的试验基地。

他的洋务梦想首先是在汉阳创办近代工业,即办实业。1890年,他到任后的第二年即在汉阳创办了汉阳铁厂和汉阳枪炮厂、湖北织布局等一大批近代工业企业,而且把主要精力放在了汉阳枪炮厂上。为什么呢?在与西方列强打交道的过程中,他深感西方的坚船利炮对中国的威胁,所以,一直希望中国能够有自己的枪炮厂,制造出自己的枪炮,与西方列强抗衡。湖北大冶铁矿丰富，正好可以用来建厂、造枪炮。经过筹备，1894年4月，枪炮厂厂房落成，工厂正式开工。但到了6月，枪炮厂不慎发生大火，将房屋及设备几乎全部烧毁，张之洞痛心不已。这时候，部分官员主张干脆停办，而张之洞则横下一条心，越是艰难越要办下去，第二年（1895年）冬天，厂房建好，机器设备到位，枪炮厂重新开工。

汉阳枪炮厂的主打产品为八八式步枪。由于当时国内技术落后，没有自己的枪炮制造工艺，张之洞就从德国购买了毛瑟步枪的设计技术和生产机械，经过改进后用于八八式步枪的生产。这种步枪除了汉阳枪炮厂，上海的江南制造局也在生产，但数量有限。所以，人们就把这种步枪称为汉阳造。由于技术先进，这种武器也成为清朝最先进、攻击力最强的武器。

张之洞是清朝大臣，汉阳造首先是为维护清朝的统治服务的。所以，1900年，义和团运动爆发，光绪和慈禧太后仓皇逃离北京，到关中的西安去避难。张之洞得知消息，下令调拨3000支汉阳造和100万发子弹紧急运往西安，交付于慈禧太后和光绪帝的卫队，供其勤王。

但与此同时，张之洞又是一位富有进步思想的封疆大吏。他在创办汉阳枪炮厂的同时，又在武汉组建和训练新军。张之洞组建和训练的新军有两点与清朝传统的军队不同：一是全部装备上汉阳枪炮厂生产的先进武器，使军队的作战能力增强；二是注重在新军中传播科学知识，甚至规定进入新军的士兵必须能够识字、读书。这样就使得这一部分新军思想开放，容易接受自由民主的先进思潮。在武昌起义前，已有5000多名士兵接受了新思想的教育，并倾向于革命党。打响武昌起义第一枪的程定国就是张之洞当年招募的新军之一。

程定国（1885—1916年），名正瀛，字定国，武昌人。青年时期，他加入了张之洞组建的新军工程营第八营。他思想开放，善于接受新知识，不久便加入了孙中山领导的革命党。1911年9月，大量湖北新军被调往四川，以镇压那里的保路运动，导致武汉防务空虚，革命党人视此为发动起义的绝佳时机。原本，革命党人计划在10月16日发动起义，但因计划泄露，决定提前行动。10月10日晚，新军工程营士兵程定国打响了武昌起义的第一枪，起义士兵迅速占领楚望台军械库，取得汉阳造枪炮，并攻打湖广总督府，迫使湖广总督瑞澂逃离，武汉随即落入新军之手。随后，起义军通电全国，宣布独立。到年底，包括湖北、湖南、陕西、江西、云南、江苏（含上海）、贵州、浙江、安徽、广西、福建、广东、四川在内的共13省宣布独立，清朝统治实际已走到尽头。

1912年年初，孙中山在南京正式宣布中华民国成立，并宣誓就任临时大总统。同时，宣统帝溥仪宣布退位，中国历史翻开了新的一页。

随着汉阳铁厂、汉阳枪炮厂以及湖北织布局（1890年）等一大批近代工业企业的出现，汉阳逐渐建立起门类比较齐全的近代工业体系，武汉也由此成为我国仅次于上海的重工业基地。

后来，曾任武昌师范大学校长且为张之洞弟子的张继煦这样评价：

辛亥革命曷为成功于武昌乎？……武汉所以成为重镇，实公二十年缔造之力也。其时工厂林立，江汉殷赈，一隅之地，足以耸动中外之视听。

——张继煦《张文襄公治鄂记》

张继煦对张之洞在湖广总督任上将近20年的功绩给予了高度评价，对辛亥革命在武昌爆发的原因进行了客观分析。

根据史料记载，汉阳造生产了将近50年，一直到1944年才停止生产，是中国生产时间最长的一种轻武器，总产量在108万支以上，是抗战时期中国军队用量最大的枪支型号，也是自清政府的新军到抗日战争、解放战争、抗美援朝，国内各武装部队轻武器装备的主要枪型。作为一种普通的步枪，汉阳造从辛亥革命到抗美援朝一直在战场上发挥作用，成为中国战争史上的一个神话。

四、大武汉与九头鸟

在长江流域的名城中，武汉给人印象最深的是"大"。这种"大"体现在多个方面。

首先，三座城市相连，大桥多，车站多。武昌、汉阳、汉口若在别的地方，就是三座独立的城市。由于长江与汉江的天然分割，为了加强三城之间的联系，1957年，武汉诞生了第一座我国自主修建的现代化大桥，也就是武汉长江大桥。至今，半个多世纪过去了，武汉又相继修建了七座长江大桥，成为长江沿岸城市中跨江大桥数量最多的城市。由于三座城市距离较远，所以，武昌、汉口和汉阳都分别设立了火车站。武汉也成为我国唯一的一座火车、高铁至少要停靠两次的城市。

其次，武汉地处内陆腹地，环境复杂多样。武汉位于亚热带季风气候区，夏季炎热，是长江流域的三大火炉（重庆、武汉、南京）之一；冬季受西北风影响，又比较寒冷，四季变化非常明显。同时，武汉多山、多水，江北的龟山，武昌的蛇山、珞珈山、桂子山，汉口的南湖，武昌的东湖等，山水环境优美，是市民休闲娱乐的好去处。位于桂子山上的华中师范大学是我的大学母校，那里的建筑依山而建，高低错落，山上植被茂密。尤其是遍植桂花树，每到金秋时节，丹桂飘香，满山都弥漫着扑鼻的香气，至今仍让我难以忘怀。

最后，武汉城市个性复杂，文化大气包容。武汉三镇的发展历史各不相同：武昌是传统的行政、文化和教育中心，汉口则属于典型的码头文化、移民文化，商业气息浓厚；汉阳则是近代工业的基地，较早接受西方文化的影响，洋味十足。加上武汉位于我国的中部，这就造成了武汉城市文化十分复杂的个性：不南不北、不东不西，亦南亦北、亦东亦西。饮食上，武昌既有代表江南地区"鱼米之乡"特色、享誉全国的武昌鱼，又有北方人十分喜欢吃的热干面（与北京的炸酱面、兰州的牛肉拉面、河南的烩面、山西的刀削面称为中国五大名面）。

在近现代，更流传着一个很有意思的说法："天上九头鸟，地上湖北佬！"或者说："天上九头鸟，地上武汉佬！"对这句话，不同人有不同的理解。

比如，解放战争时期，蒋介石有一次视察武汉，埋怨湖北的一些实力派阳奉阴违，不听调遣，便用"天上九头鸟，地上湖北佬"来发泄心中的不满。在这种语境下，九头鸟的意思是圆滑、世故，不好打交道。

1936年10月，当中国工农红军长征胜利在陕北会师后，毛泽东对从湖北走出的红二方面军、红四方面军及红二十五军发表讲话时也提到了"天上九头鸟，地下湖北佬"，称赞"九头鸟不得了"。在毛泽东的这句话里，九头鸟则是生命力强大的鸟，是百折不挠的奋斗鸟，是打不垮的智慧鸟。

应该说，把湖北人看作九头鸟是一种特殊的文化现象。湖北属于楚文化圈。楚人生活在高山和江河、湖泊的环境中，所以，崇拜在山水间能够自由飞翔的鸟。有一个很有名的成语典故"一鸣惊人"就源于楚人对鸟的崇拜。

春秋时期，楚国的楚庄王继位三年，却沉湎于酒色，不理朝政。有一天，大臣伍举（伍子胥的祖父）看不下去了，便用比喻的方式劝谏楚庄王。他问楚庄王："有一只鸟栖息在南方的高山之巅，三年不飞不鸣，默然无声，您说这是什么鸟呢？"楚庄王听了，马上明白了伍举的意思，他说：

三年不蜚，蜚将冲天；三年不鸣，鸣将惊人。

——《史记·楚世家》

我三年不飞，飞起来将会直冲云霄；我三年不鸣，鸣起来将会一鸣惊人。果然，后来楚庄王励精图治，整顿吏治，发展军队，使楚国很快强大起来，曾一度问鼎中原，成为春秋五霸之一。

所以，楚国人曾经把凤凰作为早期的图腾，武汉以黄鹤鸟命名黄鹤楼，这种情况和黄河流域很多城市的龙崇拜是同样的道理。后来，武汉三镇成为长江中游重要的水运码头，商业文化繁荣。码头的兴盛带来较多的机会，但商业经营风险大，所以，经营中要善于寻找机会，抓住机遇，规避风险，获得厚利。一个脑袋不够用，九个脑袋才够聪明。而数字"九"在我国传统文化中被看作是最大的阳数，所以，虽然很多文献中都有"九头鸟"形成的考证，但我认为应更多地从俗文化的角度，从武汉码头文化、商业文化、武汉人城市个性文化的角度去理解，更顺理成章。

所以，九头鸟之于武汉非常般配。它代表着吉祥如意，代表着机智灵活，代表着聪明智慧，更代表着展翅高飞。

武汉在城市发展的过程中，为中国文化宝库增添了许多珍贵的元素：建立在九省通衢交通基础上的四大名镇之首的地位，在我国知名度很高的黄鹤楼，改变中国命运的辛亥革命，富有传奇色彩的"九头鸟"传说，令人垂涎欲滴的热干面和武昌鱼，等等。这些文化元素至今仍闪耀着文化魅力和智慧光芒。

请看下一章：金瓯玉盆话汉中！

第八章

金瓯玉盆话汉中

城市文化自测题

1. 长江最大的支流是_____。

   A. 岷江　　　　　　B. 汉江　　　　　　C. 湘江　　　　　　D. 赣江

2. 秦朝灭亡后,项羽封刘邦为汉王。汉王的封地不包括_____。

   A. 巴　　　　　　　B. 蜀　　　　　　　C. 三秦　　　　　　D. 汉中

3. "五斗米道"是道教的重要源头。"五斗米道"的创始人是_____。

   A. 张陵　　　　　　B. 张衡　　　　　　C. 张鲁　　　　　　D. 张角

4. 成语典故"得陇望蜀"最早来自_____。

   A. 汉高祖刘邦　　　B. 汉武帝刘彻　　　C. 光武帝刘秀　　　D. 魏武帝曹操

5. 唐代中晚期,长安发生兵变,有一位皇帝曾逃到汉中并把那里作为临时都城,时间达四个月。这位皇帝是_____。

   A. 唐玄宗　　　　　B. 唐肃宗　　　　　C. 唐德宗　　　　　D. 唐宪宗

   注:以上皆为单选题,参考答案附在本书末。

开篇的诗

咏汉中[①]

秦巴[②]山高大江[③]流，九天铸就一金瓯[④]。

若无汉唐干戈事[⑤]，栈道[⑥]焉得入春秋[⑦]？

【注】

①汉中：位于长江第一大支流汉江上游，古称南郑、天汉，被誉为"汉家发源地，中华聚宝盆"。

②秦：指汉中盆地北部的秦岭山脉。巴：指大巴山脉，是汉中盆地和四川盆地的地理界线。

③大江：指汉江。

④金瓯：金子做的盆盂，比喻疆土之完固。汉中盆地自古就被看作"金瓯玉盆"。

⑤汉唐干戈事：指发生在汉中地区与楚汉战争、三国鼎立，以及安史之乱后唐德宗避难等有关的历史事件。

⑥栈道：指修建在秦岭山脉中，连接汉中盆地与关中平原的子午谷、褒斜道等栈道。

⑦春秋：指史书。

长江从青藏高原发源后，奔腾而下，沿途接纳了大量支流，位于长江中游的汉江则是长江最大的支流。汉江发源于陕西秦岭，沿途哺育了很多文化名城。其中，位于秦巴山地之间的汉中则是汉江流域诸多城市中的佼佼者。从自然条件方面来讲，汉中处于秦岭以南、巴山以北的汉中盆地，温暖湿润，四季分明；汉水从盆地中心流过，水源丰沛，土壤肥沃，植被茂密，是朱鹮、大熊猫、金丝猴和羚牛等众多珍贵野生动物栖息的天堂,被誉为"金瓯玉盆"。

其中,两汉三国时期频繁的军事斗争在这里留下的遗迹和遗址最为丰富。

我们先说说楚汉战争时期刘邦进出"金瓯玉盆"的汉中,最终夺取天下的故事。

一、汉朝之源

秦朝末年,爆发农民起义。发展到最后,演变成刘邦和项羽两个军事集团的角逐。在灭秦前,楚怀王与各路诸侯约定"先入定关中者王之",也就是说,谁先进入关中,荡平秦都咸阳,就封谁为王。公元前206年,刘邦先入关中,秦王子婴投降,向刘邦献上传国玉玺,秦朝灭亡。刘邦在萧何、张良的建议下,封存府库,与民约法三章,"杀人者死,伤人及盗抵罪",很得民心,稳定了三秦局势。不久,军事势力更强大的项羽入关。鸿门宴上,刘邦与项羽斗智斗勇,获得解脱。鸿门宴后,项羽率兵进入咸阳,烧毁宫室,杀秦王子婴,自立为西楚霸王,分封各路诸侯。刘邦被封为汉王,领地是巴、蜀和汉中,国都在南郑(今汉中南郑)。同时,封秦朝降将章邯、司马欣、董翳为雍王、塞王和翟王,占据关中,以对刘邦形成遏制之势。这年四月,刘邦忍气吞声,就封南郑。项羽觉得万事俱备,衣锦还乡,东归西楚都城彭城(今江苏省徐州市)。可项羽万万没有想到,数月之后,刘邦便从汉中重新打回关中,并展开了与项羽的楚汉决战。

那么,刘邦是怎么做到的呢?

这都跟刘邦封地汉中有关。

其实,从相关史书上,我们发现,项羽一开始并没有把汉中分封给刘邦,而是只分封了巴蜀给他。

大家知道,巴蜀就是今天的四川、重庆地区,四川盆地虽然富饶,但偏处我国大西南,大巴山、秦岭等崇山峻岭横亘北部,与关中和中原地区的交通极为不便，李白有歌曰："蜀道之难，难于上青天！"所以，在秦朝时期，巴蜀是遭谪罪犯的地方。项羽和刘邦都明白这一点。项羽把刘邦分封在那里，目的也是杜绝刘邦北上与自己争霸的可能性。

但汉中就不同了。自古以来，汉中就是联系关中和巴蜀的要道。《华阳国志》记载：

> 其地东接南郡，南接广汉，西接陇巴、阴平，北接秦川。厥壤沃美，赋贡所出，略侔三蜀。
>
> ——《华阳国志·汉中志》

汉中地处关中平原与成都平原之间，是连接三秦与巴蜀的中枢地带。这里土壤肥沃，物产之丰富可以和巴蜀相媲美，具备优越的自然生存条件，成为历代兵家必争之地。据有汉中，利用汉中盆地和巴蜀地区的雄厚物资，随时可以进取关中，争霸天下。

既然汉中这么重要，刘邦怎么能放弃这块"金瓯玉盆"呢？

史书记载，当刘邦得知项羽只打算分封给他巴蜀地区后，就派张良带上重金，先是贿赂在鸿门宴上救了刘邦的项伯，让项伯给项羽说情。接着，又送了大量重金给项羽，对项羽说刘邦的功劳多么大，这次分封对刘邦有多不公平，提出来希望能够把汉中也分封给刘邦。项羽也觉得他的分封有失公允，对刘邦特别不公。于是，就在张良和项伯的劝说下，把汉中地区也分给了刘邦。

当张良把这个消息报告给刘邦时，刘邦心中仍然愤愤不平，萧何又劝说刘邦一番。萧何对刘邦说，您得到巴、蜀、汉中是有点憋屈，但总比贸然进攻项羽，战死阵前强吧？况且，汉中被称为天汉，是一块宝地。

> 臣愿大王王汉中，养其民以致贤人，收用巴蜀，还定三秦，天

下可图也。

——《汉书·萧何曹参传》

萧何说得很有道理。加上旁边张良和樊哙也来劝说，刘邦终于听从了劝告。公元前206年四月，刘邦率领三万多军队，翻越秦岭，南下汉中。

当时，从关中平原通往汉中的道路主要有三条——子午谷、褒斜道和陈仓道，也可以绕到更远的天水附近，进入汉中。子午谷、褒斜道是最近的道路，但以栈道为主，险要难行。多数学者认为，刘邦率领大军是通过子午谷进入汉中的。张良劝说刘邦进入汉中时烧绝栈道，这样做有三大好处：

一则防止项羽大军可能的追击；

二则向项羽表明刘邦无意回归关中争霸，起到麻痹关中三王防范意识的作用；

三则对于刘邦集团来讲，获得在汉中、巴蜀从容运筹的喘息之机，养精蓄锐，伺机北上。

刘邦听从了张良的建议，边走边烧，把子午谷栈道和褒斜道栈道都给烧毁了。回到汉中以后，刘邦以南郑（今汉中南郑区）为暂时的都城，以萧何为丞相，韩信为大将军，开始着力经营巴、蜀和汉中。

史书记载，刘邦集团在汉中仅仅四个月后，即公元前206年的八月，即按照韩信"明修栈道，暗度陈仓"的军事战略北进关中，并迅速打败了关中的三王，夺取了关中平原。在这四个月中，萧何的作用厥功至伟。

萧何本来是沛县（今江苏省沛县）的一个小吏，但足智多谋，具有远大眼光和长远抱负。跟随刘邦起兵后，屡次在关键时刻为刘邦出主意、想办法。在刘邦占领咸阳后，很多人都忙着庆功，连刘邦也被皇宫中的美女、珍宝吸引住了，而萧何干什么呢？他进入皇宫中的丞相御史府，收入秦朝户口、律令、地形、要塞等图籍档案资料，分门别类，登记造册，留待日后查用，成为后来刘邦夺取天下的重要参考。而在汉中期间，萧何又做了三件对刘邦集团的最后胜利起到决定性作用的大事。

第一，拔擢人才，力荐韩信为大将军。任何时候，人才都是事业成功的关键因素。历史上，汉高祖刘邦是一位很会用人的帝王。在消灭了项羽，论功行赏的时候，刘邦当着文武众臣的面曾经说了这样一段话：

> 夫运筹策帷帐之中，决胜于千里之外，吾不如子房。镇国家，抚百姓，给馈饷，不绝粮道，吾不如萧何。连百万之军，战必胜，攻必取，吾不如韩信。此三者，皆人杰也，吾能用之，此吾所以取天下也。项羽有一范增而不能用，此其所以为我擒也。
>
> ——《史记·高祖本纪》

刘邦很谦虚地把他能取得楚汉战争胜利的主要原因归于张良、萧何和韩信三人，这就是所谓的"汉初三杰"的来历。不过，韩信之所以能够为刘邦所重用，起初还是萧何的功劳。韩信是淮阴（今江苏省淮安市）人，是历史上有名的军事家。一开始，他本来在项羽手底下效力，但没有得到重用。刘邦被封为汉王南下汉中的时候，他便偷偷离开项羽追随刘邦的军队到了汉中。起初，刘邦只是让韩信当了一个管理粮草的小官，这使韩信大失所望。在汉中，萧何结识了韩信，发现韩信是一位不可多得的杰出将才，于是，几次三番向刘邦推荐韩信，但韩信仍然没有得到刘邦的重用。刘邦军事集团的核心人员大部分都是他从家乡沛县带领的中原、苏北一带的人，当然不愿意到偏僻的汉中，所以，当刘邦进入汉中的时候，很多人都当了逃兵。韩信因为没有得到重用，有一天也赌气离开了汉军大营，准备另谋出路。萧何得到消息后，马上放下手中的公务，策马从后面追赶。由于走得太急，连汉王刘邦也没有告诉。刘邦正在为士兵开小差而挠头呢，忽然手下人来报，说萧丞相也不辞而别了。这让刘邦大惊失色，马上派人去找。这时候，萧何还在苦苦追赶韩信，一路问，一路追，追到晚上，终于追上并劝回了韩信。后来，在萧何的极力推荐下，刘邦拜韩信为大将军，还设了一个拜将台，举行隆重的拜将仪式。至今，在汉中的城南门外，还有两座方形高台，据说就是当年刘邦拜将的地方。

第二，修筑山河堰，发展汉中农业。山河堰是利用褒河水灌溉汉中盆地农田的一项伟大水利工程。褒河又称为山河，是汉水上游主要支流，发源于秦岭南麓。刘邦进驻汉中后，大力发展农业，由萧何和曹参负责，主持修建了汉中水利工程山河堰，填补了汉中盆地没有大型水利灌溉工程的空白，与关中郑国渠、白渠和四川的都江堰齐名于世。后来，山河堰经历代不断整修，一直使用了1000多年的时间，极大地促进了汉中农业生产的发展。

第三，留驻汉中，为汉军提供后备军需。大家知道，战争是要消耗大量粮食和物资的，所以，当刘邦和韩信带兵北袭三秦的时候，萧何留在了汉中，整顿吏治，发展农业，镇抚汉中、巴、蜀百姓，为汉军提供源源不断的军粮和其他军需物质，为汉军最终的胜利奠基了坚实基础。

经过四个月的养精蓄锐，公元前206年八月，刘邦和韩信带领军队从汉中出发，北上关中。当时，采取的是韩信"明修栈道，暗度陈仓"的办法，即大张旗鼓地修复褒斜道，迷惑关中的守敌，而实际上韩信和刘邦带领主力部队从陈仓道进军，一举收复关中。经过四年的艰苦战争，公元前202年，刘邦和韩信消灭了项羽军事集团，建立了汉王朝。

所以，从这个意义上而言，汉中是汉朝的根源之地。后来，汉族、汉字、汉文化的形成也有很多汉中的元素。至今，汉中还留存着刘邦当年的宫殿遗址，如汉王台、刘邦饮马池、韩信的拜将台以及张良庙等，成为当年刘邦集团从汉中崛起的珍贵记忆。

如果说，是汉中的经济和人才基础为楚汉战争中刘邦的最终胜利奠定了最初根基的话，那么，东汉末年曹操集团与刘备集团在汉中这块"金瓯玉盆"的角逐则奠定了三国鼎立的基础。

二、世外乐土

有人做过一项很有意思的统计,一部《三国演义》,直接或间接与汉中有关的人物、事件等内容竟占到全书的1/10。可见,汉中在三国鼎立过程中的地位之高和作用之大。

诸葛亮在未出茅庐之时,就注意到了汉中的重要性。他在著名的《隆中对》中预见了未来曹操、刘备和孙权三分天下的格局,主张孙刘联盟,共同抗曹;而且,特别向刘备强调了巴蜀、汉中的重要性,希望刘备效法汉高祖刘邦,以巴蜀为基地,从汉中出兵,据三秦而后消灭曹操,完成复兴汉室的大业。

孙吴当年也看到了巴蜀、汉中对于稳定江东统治的重要性。周瑜当年还向孙权建议发兵巴蜀,占领汉中。可惜周瑜英年早逝,没有实现这个愿望。

曹操(155—220年)作为一个军事家,当然也看到了汉中在政治、军事上的特殊地位。所以,在曹操晚年,他最后一次亲自带兵出征就是征讨汉中。那么,这次征讨的结果又如何呢?

赤壁大战失败后,曹操改变军事策略,决定先经营西部,以便控制关陇,进取汉中、巴蜀,然后统一天下。于是,曹操亲率十万大军,西征关中,首先平定了长期占据关中的马超、韩遂。建安二十年(215年)春天,进攻汉中,打败了长期割据汉中的张鲁,占领汉中。跟随曹操到汉中的"建安七子"之一的王粲,没有想到张鲁治理下的汉中为曹兵留下了这么丰厚的财物,还写了一首诗,赞美道:

陈赏越丘山,酒肉逾川坻。
军中多饫饶,人马皆溢肥。
徒行兼乘还,空出有余资。
拓地三千里,往返速若飞。

歌舞入邺城，所愿获无违。

——王粲《从军诗五首》（其一）

　　从王粲这首诗提到的"饫饶""溢肥""酒肉"等字眼可以看出，张鲁治下的汉中简直就是诸侯战乱中的世外桃源。

　　那么，这个张鲁又是何许人呢？

　　毛泽东主席熟读诗书，也曾注意到这个张鲁，特别对张鲁统治汉中时实行吃饭不要钱的政策感兴趣，认为是中国最早的共产主义，并曾要求干部阅读《三国志·张鲁传》。那么，张鲁在汉中实行的吃饭不要钱政策又是怎么回事呢？

　　这还得从张鲁在汉中传播"五斗米道"说起。"五斗米道"是道教的重要源头，创始人是张陵、张衡。张陵本是东汉末沛国丰（今江苏省丰县）人，后来，到蜀中鹤鸣山布教传道。张陵死后，其子张衡行其道。张衡死后，张鲁继为首领。

　　一般认为，"五斗米道"的得名源于其教规，信众出米五斗作为入道的门槛。不过，大部分入道的百姓都是因为有了病，来接受治疗，病若痊愈，便出五斗米，信奉此道。"五斗米"相当于现在多少米？有研究表明，汉末的五斗米约相当于现代的25千克米。这个数量看起来不大，但在汉朝末年，特别是在战乱、饥荒年份，也不算少。试想，要让入教者都出五斗米，那应当是一个庞大的数量。不过，也有学者认为，"五斗米道"的得名或许与崇拜五方星斗有关，五方星斗中的北斗星乃是众星拱卫的中心。

　　张鲁的母亲好鬼道，而且有养生之术，到了中年，看起来仍然像少妇一样。巴蜀汉中具有深厚的道家传统，刘焉对鬼道和养生术也很迷信。所以，张鲁的母亲经常往来于刘焉家。张鲁由此得到了刘焉的信任。

　　东汉末年，汉中太守叛乱。当时，汉中归益州管辖。益州牧刘焉派张鲁、张修率领军队前去平叛。张鲁趁机杀死张修，夺占汉中，并杀死汉朝廷使者，截断斜谷道，断绝与益州的联系。不久，刘焉死去，其子刘璋代立为益州牧。刘璋以张鲁不听从调遣为由，尽杀张鲁母亲和家室，并派军队进攻汉中。得知母亲和全家被杀，张鲁沉痛万分，随后打败刘璋派来的军队，但也无力杀向益州报仇。于是，张鲁断绝北通关中、南接巴蜀的各条通道，在汉中盆地建立了割据政权，雄踞汉中近30年的时间。史书记载：

> 汉川之民，户出十万，财富土沃，四面险固。
>
> ——《三国志·张鲁传》

张鲁统治下的汉中和四川的一部分，四面险固，财富土沃，有十万户，俨然成为军阀混战中的一块乐土。张鲁治下的这块乐土有两大特点。

第一，政教合一，推行教化。张鲁在汉中不设长吏，也就是没有设地方长官。各级宗教领袖集教权与政权于一身，形成四级行政体制，最高的是"师君"张鲁，相当于皇帝；其次是"治头大祭酒"，相当于宰相；再次是相当于地方州县长官的"祭酒"；最下层是信奉"五斗米道"的"鬼卒"。

"五斗米道"尊崇老子，要求教民诚信不欺诈，禁止酗酒；人有了病，处以静室，自首其过；若有小过，要求修百步长的道路以赎罪；对于犯法的人宽宥三次，如果再犯，才加以惩处。又按照《月令》要求，春夏两季万物生长之时，禁止屠杀。这是中国历史上唯一的一个政教合一的政治体系，这种体系在一定程度上给汉中地区带来了安定的社会局面。

第二，设置义舍，笼络人心。张鲁还在汉中各地设置了大量义舍。这种义舍类似于古代驿站。义舍里存储有义米、义肉，也就是免费的肉饭。行路的人可以吃饱喝足了再走，全部是免费的。不过，为了禁止无谓的浪费，义舍会宣告路人，取得过多，将得罪鬼神而患病。这也许就是毛泽东主席所说的吃饭不要钱的最早的共产主义形态。无疑，这种做法要有一定的经济基础作为保障。即使做做样子，在那个时候，能够让路人随便吃上免费的米、肉，也是相当不容易的。

在我国古代，特别是春秋战国和秦汉时期，生产力十分有限，而且经常发生水旱灾害。战国时期的思想家墨子具有朴素的民本思想，非常看重粮食收成与百姓生活的关系。他认为：

> 一谷不收，谓之馑；二谷不收，谓之旱；三谷不收，谓之凶；四谷不收，谓之馈；五谷不收，谓之饥。
>
> ——《墨子》

在墨子这段话里，"五谷"并非只指黍、稷、菽（豆）、麦、稻五种农作物，而是粮食的代称。按照粮食收成的好坏，墨子为我们排列出了馑、旱、凶、馈、饥五种情况，把大家熟知的"饥馑"一词作了形象的描述。为了保证粮食的收成，怎么办呢？他认为应该采取措施，把地方的粮食收成和官员俸禄结合起来：一谷不收，减禄五分之一；二谷不收，减禄五分之二；三谷不收，减禄五分之三；四谷不收，减禄五分之四；五谷不收，则尽无禄。

如果不能获得应有的粮食收成，就按规定递减官员的俸禄，直至完全剥夺俸禄。今天我们衡量一位地方官政绩的时候往往用GDP（人均国民生产总值）这个指标；而在古代，墨子提出了粮食收成的指标，可谓切中现实，也被后来的封建统治者不同程度地采纳。

而张鲁治下的汉中利用当年萧何修建的山河堰，灌溉良田，并在汉中种植稻米，使这里基本没有水旱饥荒，成为鱼米之乡的"陇上江南"，为开设义舍打下了坚实的基础。

如果说吃上义舍的米相对容易些，那吃肉可不是一件容易的事。

大家知道，在农耕社会，不仅粮食短缺，肉食更少。因而，古时候，贵族和为官者被称为"肉食者"，平民百姓为"蔬食者""藿食者"。一般平民百姓只有在逢年过节、祭祖祀神或遇到婚丧大事的时候才能吃到肉，平日里很少吃肉。因此，吃到肉成了很多百姓的梦想。

春秋时期的郑国流传着这样一个故事。有一天，一个管理郑国颍谷（今河南省登封市西）疆界的地方官员颍考叔来到都城新郑拜见郑国国君郑庄公，向他汇报工作。郑庄公特意把他留下来一块吃午饭。对于郑庄公来讲，这是一顿普通的午饭；对于颍考叔而言，却是一顿十分丰盛的大宴。在吃饭的时候，颍考叔的一个特殊举动引起了郑庄公的注意。郑庄公发现，颍考叔专门挑出来几块带汤汁的鲜肉，放在一边不吃。郑庄公很奇怪，就问他怎么回事。颍考叔回答：

小人有母，皆尝小人之食矣，未尝君之羹。请以遗之。

——《左传·隐公元年》

颍考叔说，我家里有一个老母亲，我给她做的食物她都尝遍了，但从来没有尝过您这里的美味的带汁的肉。我请求您允许我带回去孝敬我的老母亲。这一方面说明了颍考叔的"纯孝"；另一方面也说明，颍考叔虽然做了郑国的地方官，有一定的地位，但平日里，他和他的母亲也很少能吃到如此美味的肉。

吃肉留给"诗圣"杜甫的记忆则是令人沉痛的。712年，杜甫出生在嵩山北面巩义市汜水河畔笔架山下的一座黄土窑洞之中。他的祖父杜审言为唐初著名诗人，这使他小时候有机会接受教育。成人以后，杜甫怀揣梦想来到了长安，他曾大声歌颂过开元盛世的情景：

忆昔开元全盛日，小邑犹藏万家室。
稻米流脂粟米白，公私仓廪俱丰实。

——杜甫《忆昔》

杜甫也曾写下"朱门酒肉臭,路有冻死骨"(《自京赴奉先县咏怀五百字》)来鞭挞"肉食者"的腐朽生活。安史之乱后,中原离乱,他不得不颠沛流离到四川盆地和江南地区,依靠微薄的收入养活着一家人,过着饥一顿饱一顿的生活。770年,杜甫漂泊到湖南耒阳,耒阳县令用酒和牛肉热情地招待杜甫。杜甫已经好多天没有吃东西了,见到了牛肉和酒,就狼吞虎咽地吃起来。结果,因为天气炎热,牛肉已经变质,杜甫因为吃得太多暴病而亡,一代大诗人就这样死在了填饱肚子的牛肉上。

吃肉还被用来作为激励青年上进的方法。五代时期,河南北部的魏州有一个年轻人叫刘赞,父亲是县令,有微薄的官俸。所以,吃饭的时候,父亲偶尔能吃到鲜美的肉,而作为儿子的刘赞却不能与父亲同桌,只能吃到蔬食。刘赞的父亲为什么这么做呢?他对刘赞说了这样一段话:

肉食,君之禄也,尔欲之,则勤学问以干禄;吾肉,非尔之食也。

——《新五代史·唐臣传第十六》

"肉食,是国君给我的俸禄,不是你该吃的。你想吃的话只有勤奋学习考取功名。"这可能是中国历史上最另类的父亲。这样的父亲,相信现在很少能够见到了。不过,不是刘赞的父亲不心疼儿子,原来刘赞的父亲在用饮食有别这种特殊的方式教育儿子要发奋图强,博取功名。果然,在食肉欲望的刺激下,刘赞刻苦读书,后来高中进士,进入仕途,也享受到了肉食的美味。

颖考叔、杜甫和刘赞三个人的故事说明什么?饥饿和肉食的欲望留给中国人太多沉痛的记忆。所以,毛泽东主席对张鲁当年在汉中推行的义舍吃肉印象才那么深。

今天,我们已经无从得知当年张鲁推行的所谓"早期共产主义"到底是个什么样子。但从种种史料来看,汉中应该自古以来就有大量养猪的传统。有资料记载,在清代,汉中山区农民利用酒糟养猪甚多,猪养成后,成千上万只成猪被装上船只，顺着汉江而下，运到襄阳或汉口卖掉。这也从侧面证明了当年张鲁义舍免费用米肉的可能性。

张鲁的宽大政策还得到了巴夷少数民族的拥护，很多人流移汉中，加入"五斗米道"。而当关中发生战乱时，特别是曹操西征马超、韩遂时，不少关中人逃往相对安定的汉中盆地，从子午谷逃奔汉中的就有数万家。

正是在这种背景下，张鲁才能雄踞汉中近30年的时间，使汉中成为军阀混战中的一块乐土。

而当曹操征伐张鲁的时候，张鲁接下来的行为也说明了其不同之处。

三、得陇望蜀

面对曹操十万大军压境的强大攻势，张鲁在抵抗不支的情况下，封藏府库，应曹操之召而投降。曹操是一个是非分明的人。他认为张鲁这种做法"本有善意"，大加赞赏。原因在于：

第一，张鲁没有像很多割据诸侯那样，一把火烧了宫室建筑，毁掉珠玉宝贝、烧毁粮食，然后逃之夭夭；

第二，张鲁虽然割据汉中近30年，但并没有称王称霸，始终以汉宁太守、"五斗米道"教主的身份治理汉中，对朝廷也没有断绝应有的供奉；

第三，张鲁在明知抵抗不支的情况下放下武器投降，避免了战火祸及百姓。

所以，张鲁投降后，曹操拜其为镇南将军，封阆中侯，食邑万户，还封张鲁的五个儿子皆为列侯。从汉中返回时，又把张鲁带回邺城，让自己的儿子曹宇娶张鲁的女儿为妻。张鲁去世后，就葬在邺城。曹操是一个睚眦必报的人，曾说过"宁教我负天下人，休教天下人负我"。不过，曹操同时也是一个爱憎分明的人，从曹操对待张鲁的态度来看，张鲁的为人处世确实得到了曹操的认可。

张鲁投降曹操后，迁移了数万户汉中人口进入关中和中原的邺城、洛阳等地。这些人大部分又是"五斗米道"的教民,所以,"五斗米道"在中原地区又得到了广泛传播。后来,"五斗米道"成为中国道教的源头。而追根溯源,这与汉中这个金瓯玉盆对道教的培育是密不可分的。

曹操顺利占领汉中后,面临两种选项:

一是挥军南下,占领巴蜀。当时,虽然曹操、刘备、孙权三个主要军事集团都想占有汉中,而实际上是曹操捷足先登,占领汉中,赢得了军事上的主动权。在此前一年,即建安十九年(214年)夏天,暗弱的刘璋把益州牧主动让与刘备,但因为刚刚进入巴蜀,刘备的统治并不稳固。曹军占领汉中的消息传到巴蜀后,很多人都认为曹军下一步就会进攻巴蜀,所以,成都一日数十警,已经在心理上造成刘备集团人心惶惶的局面,可以说占领巴蜀是曹操在赤壁大战失败后重新掌握军事上主动权的绝佳机会。曹操身边的两个主要谋臣刘晔和司马懿也看到了这一点,同时向曹操进谏,希望曹操一鼓作气,攻取巴蜀。刘晔向曹操进言:

> 今举汉中,蜀人望风,破胆失守。推此而前,蜀可传檄而定。
> ——《三国志·刘晔传》

刘晔认为此时是进攻蜀中的绝佳机会。

司马懿也支持刘晔的观点,向曹操进言:

> 刘备以诈力虏刘璋,蜀人未附而远争江陵,此机不可失也。今若曜威汉中,益州震动,进兵临之,势必瓦解。
> ——《晋书·卷一·帝纪第一》

司马懿更进一步分析了刘备的弱势,认为进攻蜀中机不可失。

客观而论,曹操是三国时期少有的军事家,应该会对当时的形势有清晰的判断。刘晔和司马懿又都不是无能之辈，曹操应该抓住机会，一鼓作气，拿下蜀中。但事实上呢，曹操却没有接受刘晔和司马懿的建议，而是说出了这样一句话：

人苦无足，既得陇右，复欲得蜀！

——《晋书·卷一·帝纪第一》

曹操说人苦于不知足，既得了陇这个地方，又想得到蜀。曹操的这句话是有来历的。

东汉初年，隗嚣割据陇右，公孙述割据巴蜀，自立为王，相互勾结，对抗朝廷。建武八年（32年），光武帝刘秀与大将军岑彭率军攻打隗嚣和公孙述，攻破天水，并把隗嚣包围在西城。这时候，公孙述派来救兵，驻扎在上邽，也被光武帝的军队所包围。眼看战争要取得胜利了，光武帝有事东归。东归之前，留了一封书信给岑彭说：

两城若下，便可将兵南击蜀虏。人苦不知足，既平陇，复望蜀。每一发兵，头须为白。

——《后汉书·岑彭传》

意思是平定陇后不应该满足，应该一鼓作气，南下平定蜀地。后来，"既平陇，复望蜀"就演变为成语"得陇望蜀"，意思也逐渐变成形容得寸进尺、贪得无厌了。不过从这个成语的原始意思讲，应该是褒义的。

曹操在这里把当年光武帝刘秀对岑彭说的话拿出来说，但和刘秀的用意是相反的。刘秀是希望岑彭"得陇望蜀"，拿下蜀地；而曹操的意思则是说人要知足，不要得陇望蜀。所以，不久，曹操命夏侯渊、张郃等少数战将留守汉中，主力部队撤回中原。对于曹操丧失夺占蜀地、消灭刘备集团的机会，人们从不同的角度给出了不同的解释。我的看法是：

第一，攻占关中和汉中，曹操军队消耗巨大。马超和韩遂所率领的西凉军队长期与西羌作战，战斗力特别强。尤其是马超，异常骁勇，潼关一战，几乎使曹操丧命。所以，曹操曾发出了"马儿不死，吾无葬地也"的哀叹。虽然最后消灭了西凉军队，又顺利占领了汉中，但曹操的大军也损失了万余人，极大消耗了其作战能力。继续跋涉"难于上青天"的蜀道进攻蜀中，曹操心有余而力不足。

第二，孙刘结成联盟，孙权在东线进攻曹军。赤壁大战前后，孙刘结成军事联盟，共同对抗曹操。所以，当曹操平定关中、占领汉中的时候，孙权趁机率领十万大军在东线向曹军张辽、李典、乐进等驻守的合肥进攻，给曹操在中原地区的根据地带来巨大威胁。后防不稳，也是曹操不敢贸然进攻蜀中的原因之一。

第三，曹操军事进攻的重心始终放在东线，对西线的重要性认识不足。曹操在完成对北方和中原地区的统一后，始终把战略进攻的重心放在了荆襄和长江一带，试图通过先消灭相对强大的孙权，再消灭相对弱小的刘备集团，从而实现统一的目标。所以，在曹操思想的深处，西线是后防，只要不对中原构成威胁，就达到目的了。这就造成他对汉中地位的重要性认识不足。

反过来，刘备集团对汉中地位的重要性则认识得要比曹操深刻得多。

前面我们说到，诸葛亮在《隆中对》中已经谈到了汉中之于巴蜀的重要性。在刘备成为益州牧之后，又有黄权、杨洪、法正等多位谋臣向刘备提到了汉中的重要性。黄权把汉中比作巴蜀的"股臂"，杨洪把汉中比如巴蜀的"咽喉"，而法正说得更深刻，他认为，拥有汉中：

> 上可以倾覆寇敌，尊奖王室；中可以蚕食雍凉，广拓境土；下可以固守要害，为持久之计。

——《三国志·庞统法正传》

法正从上、中、下三个方面简明扼要地分析了汉中对于刘备政权的意义，可以说是针针见血、入木三分，进一步坚定了刘备夺取汉中的决心。

于是，建安二十二年（217年），也就是曹操撤出汉中两年后，刘备让诸葛亮留守成都，自己亲率赵云、黄忠、魏延等大将，发兵汉中。当然，夏侯渊与张郃并非刘备大军的对手。经过一年多的对阵，老将黄忠在定军山（今汉中市勉县东南）智斩夏侯渊，刘备占领汉中。曹操得到消息，第二次亲征西北，试图重新夺回汉中，但最终被刘备打败。建安二十四年（219年），刘备在汉中进位汉中王，正式建立蜀汉政权。后来，诸葛亮北伐中原，都是以汉中为根据地的。

所以，汉中归蜀，成为三国鼎立最后形成的重要标志，再次显示了这个"金瓯玉盆"在中国军事、政治格局中的重要地位。

汉中的特殊区位和资源优势，使它成为两汉三国时期各种势力争夺的焦点。其实，这种状况在整个古代历史上都没有改变。而到了唐朝后期，汉中还成了唐朝维系其统治的后院。

四、唐廷后院

在大多数人的印象里，唐朝是我国封建社会一个非常强盛的朝代。我们中国人也以盛唐为骄傲，比如说，美国、英国等很多西方国家，都把华人聚居的地区称为"唐人街"。但是，事实上，唐朝前后历时280多年，并非一直都很强盛。唐朝的强盛在前期和中期，主要是在唐太宗至唐玄宗统治的时期，时间从627年到755年，大约130年。而晚唐则是大唐王朝的衰落期。不过，奇怪的是，这个衰落期却持续了长达150多年的时间（从756年到907年），比中前期的强盛时期时间还要长。这个时期，朝廷外部有藩镇割据，朝廷内部则有朋党之争、宦官专权等，可以说大唐完全处于内忧外患的统治之中。那么，是什么因素支撑着大唐王朝继续维持了一个半世纪之久呢？

当然，这里边有政治、军事、经济等多种因素的综合作用。但其中，汉中所起的作用也是举足轻重的。史书记载：

> 唐都长安，而关中号称沃野，然其土地狭，所出不足以给京师、备水旱，故常转漕东南之粟。
>
> ——《新唐书·食货志》

唐朝和隋朝一样，仍然建都在长安，关中地区虽然号称沃野千里，但是土地狭小，所产出的粮食不足以供应京城，也无法满足水旱灾害时的需要，所以，不得不漕运东南地区的粟米。"转漕"东南地区的粮食主要靠什么呢？大运河。

当时的运输路线是这样的：从江南河转入邗沟，再从邗沟进入汴渠，也就是隋炀帝时期的通济渠，然后，经过黄河，再转入广通渠或渭水到达长安。

与此同时，从江南到长安还有另外一条水陆联运的通道，即在中原地区动荡不安，通济渠（汴渠）受阻无法通航的时候，还可以利用另外一条水上运输线路，历史上称为江汉路。具体路线是：从江浙运输粮食和物资进入长江，再沿长江进入汉水；然后，沿汉水逆流而上，到达汉中，再经汉中与关中之间的褒斜道或子午谷翻越秦岭，进入关中的渭水，最后到长安。不过，从汉中到长安，要翻越秦岭，其间有大约250公里山路，大部分路段是高海拔的羊肠小道和狭窄的栈道，迂回曲折，充满危险，又劳民伤财，不是不得已是不走这条路线的。

汉江发源于陕西宁强秦岭与米仓山，上百条支流蜿蜒而出，向东南穿越秦巴崇山峻岭，流经陕南的汉中，流向鄂西北、豫西南，在武汉汇入长江。历史上，奔流在秦岭与大巴山间的汉江为四塞之区的汉中提供了一条黄金水道。根据史书记载，汉江的航运历史悠久，秦汉时期已经开始大规模利用汉江进行水运。那个时期，秦巴山区的道路交通异常艰难，往往靠马帮一点点走出来，到了汉江，方可顺流而下，畅行千里，通江达海。

唐代，当中原地区大运河交通受阻的时候，汉江水运的作用便充分发挥了出来。唐玄宗统治晚期，由于政治的腐败和地方藩镇军权过大，755年爆发安史之乱，中原地区被安史叛军占领。紧接着，长安也受到威胁。唐玄宗仓促之间，带着少数军队和随从，逃往四川的成都避难。唐玄宗的儿子唐肃宗在灵武继位，坐镇关中，继续领导平叛斗争。要平定叛乱需要大量的军需物资，而中原地区已经被叛军占领，切断了运河的航线。这个时候，汉江水运开始发挥作用，大量军需物资通过江汉路运抵汉中，汉中成为物资转运的中枢。然后，再翻越秦岭运抵关中，以助官军。八年之后，安史之乱被镇压下去，唐玄宗和唐肃宗返回长安，唐朝的统治才得以延续。

这就是说，在平定安史之乱的过程中，江汉水运和汉中发挥了至关重要的作用，延续了唐廷的正常统治。仅仅过了20多年，长安城又发生了一次兵变，唐朝有一位皇帝出逃到了汉中。汉中又一次挽救了岌岌可危的大唐江山社稷。

事情是这样的。安史之乱虽然被镇压下去了，但却给此后唐朝的统治带来了巨大的负面影响，留下了两个后遗症。一是藩镇割据。这些藩镇拥兵自重，不听朝廷号令，还经常到运河上抢劫过往漕船，都城长安的粮食供应渠道时常被掐断。二是经济重心南移。安史之乱以后，黄河中下游地区的农业经济一蹶不振。而与此同时，南方地区却相对和平，经济得到迅速发展。所以，安史之乱以后，国家90%的赋税、钱粮都来源于江南地区。这样，大运河也就成为大唐帝国的命脉之河，大运河运输一旦出了问题，就会危及国家的稳定与安全。

780年，唐德宗继位。不久，占据河北、河南的部分藩镇起兵叛乱。783年，唐德宗下令调集长安以西骁勇善战的泾原节度使的5000名士兵出关参加平叛。泾原在今天甘肃省泾川县一带。他们出关作战，要经过长安，其时已经是阴历的十月初了，天气寒冷，士兵又冻又饿。唐德宗派人犒劳部队，结果带去的是糙米，也就是质量很粗劣的大米。士兵们长途跋涉，本来指望不仅能吃上一顿好饭，而且朝廷还能给他们一些赏赐，结果没想到是这个样子。于是，部分愤怒的士兵把饭菜倒到地上，扬言道：

> 吾辈将死于敌，而食且不饱，安能以微命拒白刃邪！闻琼林、大盈二库，金帛盈溢，不如相与取之。
>
> ——《资治通鉴》卷二百二十八

我们这些人将要战死在沙场了，连吃也不给吃饱，怎么能以微薄的身躯抵御白刃呢？听说琼林、大盈两个国家府库，有大量的金银、布帛，不如我们一块去取吧。于是，5000名士兵如潮水般冲向了长安城内，这就爆发了泾原兵变。

唐德宗无论如何也不会想到本来去镇压叛乱的军队反而成了叛乱的军队，所以，长安城内根本没有做军事上的准备。仓促之间，唐德宗只带领400多名卫兵逃出了长安，叛军随之占领了长安。唐德宗先是逃到了西安西部的咸阳、乾县，后来，叛乱的军队又来追杀，不得已，784年（兴元元年）三月，唐德宗又翻越秦岭，由傥骆道逃到了汉中（当时称梁州），把这里作为临时驻跸之地。

唐德宗在汉中停留了将近四个月。其间，汉中的富庶、安乐给他留下了深刻印象。同时，这里的老百姓对他也非常热情，给予了最热情的接待，让逃难中的皇帝得到了很大安慰。而通过江汉路陆续运输来的粮食和物资也成为关中地区平定叛乱官军的重要支撑。

到了784年六月，长安被官军收复，唐德宗返回长安。汉中的老百姓又是修栈道，又是送吃的，依依不舍地送别了唐德宗。汉中成了唐朝延续江山的幸运之地。怎么纪念在汉中的这段时间呢？

唐德宗回到长安后，马上下诏，改梁州为兴元府，行政级别同京兆府、洛阳府、太原府，实际上成了唐朝的四京之一，成为国家一级地方州府。其地位之高，非同一般。

从两汉、三国以及唐朝后期围绕汉中发生的一系列重大事件可以看出：

第一，"金瓯玉盆"的汉中在中国历史进程中发挥了巨大作用。特别是在交通不便利的冷兵器时代，其独特的山水形势和地理区位使它成为历代争夺的重镇，往往在国家统一和稳定的过程中发挥至关重要的作用。

第二，汉江成就了汉中。因为有了汉江，汉中才成为沃野千里的农耕文明发达区域，物阜民丰；同时，汉江便利的水运使相对封闭的汉中有了一条对外联系的水上要道。根据史料记载，明清时期，汉口府城附近码头、渡口很多，较大的有汉中以东十八里铺（今汉中市汉台区铺镇）、过街楼、下水渡、桃园子等。甚至鸦片战争后，从汉中出发的船舶往往顺流而下，载着汉中盆地的特产生漆、苎麻、木耳、桐油、烟草、茶叶等下水去武汉。返程回到汉中的时候，则从湖北带来一些工业制品，比如洋油、洋布、洋烟等，大大繁荣了汉中的经济生活。

第三，成就了丰富多彩的汉中文化。特殊的山水形势和区位特征，使汉中文化既受到关中文化和巴蜀文化的影响，也受到来自荆楚文化的熏陶，形成了综合性、丰富性的小盆地文化特征。所以，在中华人民共和国的地图上看似并不起眼的小小汉中，真的就像一个"金瓯玉盆"哺育了世世代代在那里生长的人们，也为博大精深的中华文明增光添彩。

请看下一章：诗人不幸黄州幸！

第九章

诗人不幸黄州幸

城市文化自测题

1. "缺月挂疏桐，漏断人初静"是苏轼初到黄州寓居在一座寺院时所作的词。这座寺院的名字是_____。

   A. 定慧寺　　　　B. 安国寺　　　　C. 太平寺　　　　D. 广法寺

2. 苏轼在拥有黄州城东的东坡荒地时，得到了朋友的大力帮助。这位朋友是_____。

   A. 秦观　　　　　B. 黄庭坚　　　　C. 张耒　　　　　D. 马梦得

3. 以下诗词名句中，不是出自苏轼的是_____。

   A. 长江绕郭知鱼美，好竹连山觉笋香　　B. 朝上东坡步，夕上东坡步

   C. 莫听穿林打叶声，何妨吟啸且徐行　　D. 忽闻河东狮子吼，拄杖落手心茫然

4. 民间俗语中所说的"季常癖"意指_____。

   A. 喜欢旅游　　　B. 爱好美食　　　C. 嫉妒　　　　　D. 惧内

5. 关于赤壁大战的发生地一直以来都有争议。以下城市中不可能发生赤壁大

战的是_____。

A. 黄州　　　　　B. 荆州　　　　　C. 蒲圻　　　　　D. 江夏

注：以上皆为单选题，参考答案附在本书末。

开篇的诗

咏黄州①

乌台案②发辞帝京，东坡③耘耕识农情；

人有悲欢月有缺，烟雨一蓑任平生。

【注】

①黄州：宋代地方行政单位，位于长江中游北岸，今指湖北省黄冈市黄州区。

②乌台案：指乌台诗案。宋神宗元丰二年（1079年），御史上表弹劾苏轼在谢恩表中暗讥朝政，并列举大量苏轼诗文为证。苏轼在御史台狱受审，因御史台中有柏树，大量乌鸦栖居其上，故称御史台为"乌台"，"乌台诗案"由此得名。

③东坡：指苏轼贬谪黄州后在城东临时耕种的一块荒地。

动荡年代往往能产生好的文学作品。屈原身处楚国危难之时，因直言极谏被贬江南，创作了《离骚》等文学名作，流芳后世；安史之乱后，杜甫流落到成都，《春夜喜雨》《绝句》《蜀相》都是在那个时期创作的；李白的《早发白帝城》也是在安史之乱时被卷入宫廷斗争，被贬后的作品；柳宗元被贬永州，创作《永州八记》《江雪》，使小小的永州成为山水文化圣地；滕子京被贬岳阳，重修岳阳楼，同样遭贬的范仲淹为之创作《岳阳楼记》，使岳阳楼成为江南三大名楼、中国忧患文化的纪念地；此外，岳飞的《满江红》、文天祥的《过零丁洋》等作品无一不是国家遭遇不幸的大背景下，诗人忧国忧民的产物。屈原、杜甫、柳宗元、滕子京的不幸换来了荆州之幸、成都之幸、永州之幸、岳阳之幸。针对这种独特的文化现象，清代学者赵翼曾有评论：

> 身阅兴亡浩劫空，两朝文献一衰翁。
>
> 无官未害餐周粟，有史深愁失楚弓。
>
> 行殿幽兰悲夜火，故都乔木泣秋风。
>
> 国家不幸诗家幸，赋到沧桑句便工。
>
> ——赵翼《题遗山诗》

最后一句"国家不幸诗家幸"流传很广。用赵翼自己的话解释就是"以社稷丘墟之感，发为慷慨悲歌，有不求工而自工者。此固地为之也，时为之也"。意思是说，在国家江山社稷遇到危难的时候，往往会造就伟大的诗人，因为他们的作品在慷慨悲歌中，往往能反映历史现实，成为大时代的缩影，此类作品也因此容易流传并影响后世。后人又在这句话的基础上加以发挥，出现了"诗人不幸诗家幸""诗人不幸地方幸"等说法。为什么能这样？除了诗人自身的文化素养、才华外，还因为诗人自身经历影响了他的世界观、人生观，从而使他的思想境界不断升华，人文情感也不断丰富。这种生活环境，比起风平浪静的宫廷生活、衣食无忧的士大夫生活，产生杰出作品的可能性更大。

我个人认为，在历史上众多不幸中的幸事中，要论知名度和影响力，苏轼（1037—1101年）被贬黄州（今湖北省黄冈市黄州区）应该名列其中。之所以这样说，不仅因为苏轼流芳后世的大量作品产生于贬谪黄州期间，为黄州这块土地注入了灵性，根植下文化血脉，使其成为文化圣地；而且，黄州这座城市也慰藉了诗人落魄的心情，让苏轼体味了别样的人生，升华了对生命意义的认识，真正体现了"诗人不幸黄州幸"这个深刻道理。

一、初到黄州

苏轼一生创作了大量诗词，我们看这样一首词：

> 缺月挂疏桐，漏断人初静。谁见幽人独往来，缥缈孤鸿影。
>
> 惊起却回头，有恨无人省。拣尽寒枝不肯栖，寂寞沙洲冷。
>
> ——苏轼《卜算子·黄州定慧院寓居作》

这首词创作于宋神宗元丰五年（1082年）腊月（或元丰六年，1083年初），名字叫《卜算子·黄州定慧院寓居作》。很明显，这是在黄州一个叫定慧院的地方所作的。这是个什么地方？苏轼为什么会来到这里呢？

元丰二年（1079年），因"乌台诗案"苏轼被贬为黄州团练副使。他带着长子苏迈，从东京出发，走了一个月左右，元丰三年（1080年）二月才到了黄州。至元丰七年（1084年）六月移汝州，苏轼在黄州贬所寓居生活了四年多的时间。黄州是一个小州，人口不多，地方不大，经济也不是那么发达。而团练副使，相当于武装部副部长，根据规定无权签署公务，等于有职无权，闲人一个。可以设想，苏轼的心里是五味杂陈的。从繁华的政治中心开封到偏远的黄州，从朝野闻名的政治精英到落魄失意的贬谪小官，他难免失落、孤寂。初到黄州，政府也不会给一个被贬的低级官吏提供住处，而定慧院则成了苏轼在黄州的第一个落脚点。定慧院，一作定惠院，或定惠寺，在今黄冈市东南，《卜算子·黄州定慧院寓居作》中的"缺月""疏桐""幽人""孤鸿""寒枝""寂寞"正是苏轼彼时心情的真实写照。词中，有他对自我价值的怀疑，更有对外界世界的疏离，以及对黄州生活的忧虑。这种事情，放到谁的身上，都会是这样。

但苏轼毕竟是苏轼，他天生的乐观、豁达，他的倔强和与命运抗争的勇气，又使他在孤寂、落寞的同时，对黄州未知的生活充满了期待，超然、乐观的情绪不久就代替了失落和孤寂。我们再看下面这首诗：

自笑平生为口忙，老来事业转荒唐。

> 长江绕郭知鱼美，好竹连山觉笋香。
>
> ——苏轼《初到黄州》

这首诗的名字叫《初到黄州》，应该也是苏轼刚刚到黄州后不久的作品。诗中先以自嘲的口吻，说自己"老来事业转荒唐"。其实，他当时只有44岁，并不老。说自己"荒唐"，反而证明自己很清醒，不荒唐、没迷失。再往前期追溯，苏轼在开封、杭州、密州、湖州等地参加科举考试、做地方官时，早已经养成了超然的心态。他在密州所作的《超然台记》集中表现了这种人生态度：

> 凡物皆有可观。苟有可观，皆有可乐，非必怪奇伟丽者也。
>
> ——苏轼《超然台记》

而"乌台诗案"后被贬黄州，也可谓死里逃生，苏轼也会感到庆幸。青山还在，还可以从头再来。所以，我们看到，在《初到黄州》这首诗里，苏轼已经开始接受黄州了：一方面，看到长江绕着黄州城郭流过，景色是优美的；有长江自然有江鱼，还品尝到了这里的江鱼，味道鲜美。另一方面，苏轼还发现黄州满山的好竹，品尝到了美味的竹笋。大家知道，苏轼的家乡在四川眉山，眉山在长江的支流岷江之畔，"犹喜大江同一味，故应千里共清甘"。大江连着大江，喝的都是同一条江的水，黄州与眉山虽远隔千里，但共享这大江的清甘。而且，眉山也产竹子，黄州也盛产竹子，苏轼一生都喜欢竹子，"可使食无肉，不可居无竹"。

苏轼到黄州，他也不知道要住多久，也不知道黄州是否就是他下半生的归宿。而且，不久之后，他一大家子人都要来和他一起生活，没有一个像样的家是不行的。所以，住在定慧院肯定不是长久之计。恰巧，在黄州对岸，长江的南岸是鄂州，鄂州知州朱寿昌和他是好朋友。朱寿昌同情苏轼的遭遇，也想帮助落难中的苏轼，所以，就在黄州为苏轼找了个临时居住的地方——临皋亭。这个亭子位于黄州城外，临近长江，原本是官府的一个水驿，后来废弃不用了，又归鄂州知州管，所以，朱寿昌就借给苏轼一家临时居住。苏轼当然感激不尽。他平生爱大江、爱水，而这个临皋亭濒临长江，风景绝佳，所以，他一时心情大好。这种心情从他在临皋亭居住期间的一篇短文中就可以看出来：

> 临皋亭下八十数步，便是大江，其半是峨嵋雪水，吾饮食沐浴皆取焉，何必归乡哉！江山风月，本无常主，闲者便是主人。
> ——苏轼《临皋闲题》

在苏轼看来，临皋亭下的长江水很大一部分是来自他的家乡峨眉山上的雪水，跟在家乡没什么区别。而他这个闲人，也是江山风月的主人。

这就意味着，黄州张开双臂热情地接纳了这位来自都城的贵客，用温暖抚慰着大文豪受伤的心。也许，苏轼不曾意识到，黄州从此成为改变他的文风和人生观、价值观，乃至重塑其文坛地位和形象的一块宝地。也许，黄州这座小城更不曾意识到，苏轼这位贵客的到来将彻底改变这座城市的声誉、地位和形象。苏轼和黄州将彼此成就对方。

但无论如何，苏轼到黄州，官更小了，收入减少了，临皋亭风景再好，不能当饭吃养活自己和家人。接下来，苏轼该怎么办呢？

二、东坡由来

大家知道，苏轼又叫苏东坡，甚至人称坡仙。其实，东坡这个雅号就是黄州给予苏轼的。苏轼不到黄州，也许世上只有苏轼、苏子瞻，根本就不可能有苏东坡。说到这个雅号的由来，我们必须得提到两个人。

一个叫马梦得，字正卿，宋代杞地人。苏轼曾记载：

余至黄州二年，日以困匮，故人马正卿哀余乏食，为于郡中请故营地数十亩，使得躬耕其中。

——苏轼《东坡八首（并叙）》

大家可能认为这位马正卿一定是个了不得的大人物吧？有很大本事，能为一个被贬的官员申请来"数十亩"的故营地（可能先前用作军垦的地，现在荒废了）。数十亩啊！无论放在现在还是过去，都不是一个小数目。其实，马梦得还真不是什么大人物。《宋史》《续资治通鉴长编》等正史中并没有留下这个人的传记，关于他的简历，只有在苏轼、苏辙兄弟俩留下的一些诗词作品中我们可以寻得蛛丝马迹。从兄弟二人的作品中，我们发现，原来，这位马梦得还是苏轼的铁杆"粉丝"。用现代话说，他一生都把苏轼当作自己崇拜的偶像。

马梦得的年龄应该与苏轼相仿。他的老家在杞，即今河南省杞县，距离开封不远。宋朝推行"与士大夫共治天下"的国策，科举制度繁荣，文人士子大都有"朝为田舍郎，暮登天子堂"的可能。这位马梦得应该也是这项国策的受益者，早年在京城开封的太学做"太学正"，即国家最高学府——太学的管理人员。有一定的权限，也有一定的地位，应该是一个让无数文人士子仰慕的职位。但这位仁兄性格过于耿直，以致"学生既不喜，博士亦忌之"，生活上也拮据清贫。苏轼平生就比较喜欢有学识、有个性的人，而这位马梦得就是这种人。所以，苏轼科举高中进士，即将到凤翔府（判官）赴任之前，慕名前去太学拜访马梦得，不巧马梦得外出，两人没有遇见。当时流行白壁题诗，性情豪爽的苏轼便提笔在马梦得书斋的粉白墙壁上题下了杜甫的一首诗：

雨中百草秋烂死，阶下决明颜色鲜。

……

堂上书生空白头,临风三嗅馨香泣。

——杜甫《秋雨叹三首》(其一)

  我们也不知道到底是什么原因让苏轼给从不曾谋面的马梦得留下这样一首伤感的诗,是因为苏轼太喜欢老杜的这首诗还是当时正值秋雨绵绵,苏轼触景生情?写者也许无意,观者却有了心。马梦得虽然未曾与苏轼谋面,但对于苏洵、苏轼、苏辙"三苏"的大名却已是如雷贯耳。而自己的境遇和心情还真的就和苏轼所题之诗相契合,所以他的内心深受冲击。紧接着,他竟然做出了一个惊人的决定,辞掉太学正之职,跟随点醒了自己的苏轼到凤翔去做了幕僚。马梦得的这一抉择也足见青年苏轼在当时年轻同辈中的影响力与人格魅力。一段时间之后,马梦得又离开凤翔,浪迹江淮。但无论何时,在马梦得的心目中,苏轼的形象始终都是那么高大,苏轼的仕途浮沉也都在他的关注之下。

  苏轼因"乌台诗案"被贬黄州的消息传到马梦得那里,他便毫不犹豫,赶到黄州来探望失意中的苏轼。苏轼见到多年未见的马梦得,也是喜出望外。看到落难中的苏轼和他经济拮据的状况,马梦得觉得自己有必要为自己的偶像出把力,帮助苏轼一家人渡过生活的难关。当然,他没有能力说动朝廷,使苏轼官复原职;自己囊中羞涩,也没有积蓄为偶像慷慨解囊。在农耕社会,唯一的办法是帮助苏轼弄一块可耕地,补贴苏轼一家的日常生活所需。于是,他便在黄州城溜达,发现在黄州东城门外,有块五十亩左右的山冈坡地,姑且称之为"东坡"地吧。虽然荆棘丛生,干旱贫瘠,但尚有复耕价值。马梦得打听到,这是一块废弃的故营地,应该是军队曾经开垦耕种过的土地,因为军队转移或者因为过于贫瘠而逐渐荒废了。如果能把这块地争取过来,不就可以暂时解了苏轼一家的燃眉之急吗?这个想法,使马梦得很兴奋。但土地是国家的,要想让这块地归到一个被贬的官员名下自由耕种,谈何容易?

谈到这，我们不得不提到另一个人——徐君猷。

苏轼被贬黄州时，时任黄州知州就是徐君猷。据弘治《黄州府志》记载，这位徐君猷"崇儒重道，下士爱民"，是一位勤政爱民的好官。苏东坡谪居黄州，"举目无亲，君猷一见如骨肉"，没有因对方被贬而显出怠慢之意，对苏轼多有关照，甚至与苏轼交情深厚。这一点，从苏轼在黄州所创作的《南乡子·重九涵辉楼呈徐君猷》《少年游·端午赠黄守徐君猷》等多首呈赠给徐君猷的诗词中就可以看出来。县官不如现管，黄州城外那块东坡地当然也归徐知州管辖，聪明的马梦得不会不知道这个道理。加上徐君猷对苏轼所遭所遇的同情，在职权范围之内做一个顺水推舟的人情自然也就合乎道理了。

所以，我们设想，应该是在马梦得的积极奔走谋划，在徐君猷的善意允诺之下，苏轼一家顺利获得了城东那块坡地的耕种权。而后，苏轼一家开始整理那块荒地，并过起了春耕、夏耘、秋收、冬藏的田园生活。就是这段生活，使苏轼不再仅仅是苏轼、苏子瞻，而是多了一个雅号——东坡。不过，细细分析一下，关于这个雅号，应该有三层含义。

首先，它和唐代大诗人白居易有关。唐代大诗人白居易，字乐天，曾于元和十三年（818年）调任忠州（今重庆市忠县）刺史。来到忠州后他劝课农桑、敦敷五教、考核官吏、宣布德化、开山、修路、养花、种果，办了很多造福百姓的好事。他还曾在忠州城东的山坡上种花栽果，并命名此地为"东坡"。白居易曾留下多首诗歌，其中一首说道：

朝上东坡步，夕上东坡步。
东坡何所爱，爱此新成树。

——白居易《步东坡》

在苏轼崇敬、喜爱的唐代诗人里，白居易占有很高的地位。所以，苏轼可能偏向于借用白居易当年在忠州城东坡的故事，将他的这块荒地命名为"东坡"。

其次，这块地不仅解决了苏轼一家的基本生计，也为苏轼带来了真正的田园乐趣。我们看这首诗：

> 雨洗东坡月色清，市人行尽野人行。
> 莫嫌荦确坡头路，自爱铿然曳杖声。

——苏轼《东坡》

《东坡》这首诗是宋神宗元丰六年（1083年），也就是苏轼来到黄州的第四个年头创作的。苏轼得到黄州城东的那块土地是在来到黄州的第二年，在创作这首诗时，苏东坡一家人应该已经在朋友们的帮助下整理了东坡，还买了一头耕牛，种植了各种粮食、蔬菜与瓜果，基本实现自给自足，并亲身体会到种庄稼的艰辛。所以，整首诗都是欢快的格调，"雨洗东坡月色清""自爱铿然曳杖声"更透出诗人对田园躬耕生活的热爱和诗人高洁的心性。苏轼已经爱上了东坡这块土地，这进一步强化了"东坡"在苏轼心目中的印象。

最终，"东坡雪堂"的构筑使苏轼真正和"东坡"这个雅号合二为一。元丰五年（1082年）正、二月间，为改善家人的住房条件，苏轼选择了一个避风向阳的高爽之地，亲自设计修建了五间草屋。房屋落成时，天降瑞雪；草屋建成后，苏轼又发挥他绘画的特长，在草屋四壁全部绘上雪景。因此，草屋完全建成后，苏轼便亲笔为筑起的五居室书写了"东坡雪堂"四个大字。再加上苏轼远离政治中心，把自己比作在家修持佛法的佛教徒，所以，从此之后，他就自称"东坡"或"东坡居士"了。

三、东坡肉

美食是中国文化的重要组成部分。人们外出旅游，每到一个地方，都希望能品尝到当地的美食。如果你到了湖北的黄冈，一定别忘了点一道东坡肉，因为什么？因为它地道，而地道的原因是黄冈的黄州是东坡肉的发明地。

顾名思义，东坡肉就是苏东坡发明的一道肉菜。有幸的是，尽管过了近千年的时间，它的做法却顽强地留在了苏东坡的文集里，并被历代美食家所津津乐道。我们看苏东坡是怎么做这道菜的：

> 净洗铛，少著水，柴头罨烟焰不起。待他自熟莫催他，火候足时他自美。黄州好猪肉，价贱如泥土。贵者不肯吃，贫者不解煮，早辰起来打两碗，饱得自家君莫管。
>
> ——苏轼《猪肉颂》

"净洗铛，少著水，柴头罨烟焰不起。待他自熟莫催他，火候足时他自美。"这一段是说这道菜的具体流程：首先得把灶锅洗得干干净净的，然后，放少许的水，燃上柴火，但火势不要太大，最好是用不冒火苗的小火来慢炖。不要催它，等锅里的肉慢慢地熟，火候足了，炖出来的肉自然滋味鲜美。一看这段话，根本不像一个大文豪写的，简直就是一个富有经验的厨房大厨的名菜指南嘛，可它偏偏就是出自苏轼之手。可以设想，如果不是当年的苏轼反复试验，亲自下厨操作，就不可能留下这么详细的记载。

其实，这段话也给我们带来了不少疑问。比如说，这段话里说"黄州好猪肉，价贱如泥土"，为什么苏轼说黄州猪肉的价格贱如土呢？大家知道，在古代社会，普通老百姓要想吃上肉是相当难的。现代人出于对健康的追求，喜欢吃五谷杂粮、多吃蔬菜，但如果让你很长时间都吃不到肉，肚里没有油水，那会怎么样？肯定吃不消的。而到了苏轼在黄州生活的那段时期，情况又有了变化。一方面，魏晋南北朝、隋、唐时期之后，我国的养猪业逐渐兴盛起来；到了宋朝，进入我国养猪业的繁荣时期，甚至在黄河和长江流域出现了养猪专业户。《东京梦华录》记载，在首都东京，每天傍晚，就有"每群万数"

的猪涌进城内，而且，不用车拉，而是由十多个养猪人驱赶着，这一大群上万头的猪乖乖地排着队就进了城，供开封市民消费。市内有专门的肉市，生意十分兴隆。《水浒传》里就记载了一个专门卖肉的郑屠，那是都城以外另外的城市猪肉买卖兴隆的反映。不仅养猪的专业户多，猪肉的价格还十分便宜。南宋的时候，在临安府，有一个壮汉，仅仅买了三十八文钱的肉，就吃得饱饱的，没吃完的还拿荷叶包起来带回家。另有史料记载，苏轼在东京生活时，都城肉类消费排在前两位的是羊肉和猪肉，人们认为猪肉味甘、性平无毒，补肾益气，壮筋骨，有益于健康。所以，宫廷菜肴里也把猪肉当作美味佳肴。苏轼也习惯了吃猪肉，而且品尝过许多不同做法的猪肉菜肴。另一方面，黄州濒临长江，富贵人家喜欢吃鱼，甚至吃沿长江贩运而来的海鲜。所以，猪肉的价格更加便宜。

同时，到了黄州后，苏轼的收入减少了，他只好想尽一切办法精打细算，减少开支。据史料记载，每月的初一，苏轼就取出一月的花销共四千五百钱，然后分成三十份，把每天的花销控制在一百五十钱之内。但他和家人毕竟过惯了比较优裕的日子，所以，黄州的每日饭菜里不能没有肉啊。怎么办？除了花些钱到黄州江边或市场上买些便宜的鱼虾，精明的苏轼把注意力转向了物美价廉的猪肉。苏轼用写文章的功夫，以饱满的热情投入对猪肉烹饪的研发中，几经摸索，一道传世名菜——东坡肉诞生了。苏轼红烧出来的猪肉色香味俱佳，看着就让人垂涎欲滴，苏轼和家人吃后都欣喜不已，连呼"美味"。苏轼还特意作了一首《猪肉颂》，记录了东坡肉的烹制方法，反映出他乐观、从容、适意的心情。

除了东坡肉，苏轼在黄州留下的美食还有不少，比如鱼羹。黄州濒临长江，鱼虾很多，苏轼回忆说：

予在东坡，尝亲执枪匕，煮鱼羹以设客，客未尝不称善。

——《东坡志林》

苏轼说，我在黄州东坡居住的时候，曾经亲自煮鱼羹招待客人，客人非常满意。苏轼也认为鱼羹是他最为得意的一道美食，所以写进了他的文集《东坡志林》中。而据记载和传说，除了东坡肉、东坡鱼羹，至今，留存在黄州的美食东坡肘子、东坡豆腐、东坡饼、二红饭、蜜酒等都多少与苏轼有关联。这么说吧，把以上这些组合起来，成为一桌丰盛、诱人的宴席应该是一点问题都没有的。

　　我觉得，"东坡肉"以及苏轼对于美食向往的意义绝不仅仅止于解决温饱问题和享受美食本身，我们还可以从中提炼出苏东坡在黄州生活时期的另外一种精神品质，那就是"生活情趣"。生活中，是需要有一些情趣方面的追求的，有的人喜欢养花，有的人喜欢宠物，有的人喜欢旅游，有的人喜欢打球锻炼，这些爱好甚至成为终生的追求，给生活增添了无限乐趣。特别是在一个人孤寂、困顿的时候，从平凡的生活中寻找些乐趣十分重要。它不仅可以排遣寂寞、孤单，最重要的是可以帮助你从困顿中解脱出来，避免陷入无休止的苦闷、彷徨，甚至绝望中无法自拔。苏轼贬谪黄州，从神坛上一下子跌落到了凡间，他根本无法预料是不是还有更大的危机等待着他，是不是即将走到仕途的尽头，甚至生活的尽头。他承受着莫大的精神压力，却能够从平凡的生活中寻找乐趣，提升自己的生活情趣，丰富生活的色彩，不得不说跟他强大的自我调适能力有必然的关联。

四、烟雨平生

　　管子说："仓廪实则知礼节，衣食足则知荣辱。"在朋友们的帮助和家人的共同努力之下，苏轼在黄州的物质生活条件好转了，苏轼的朋友圈也逐渐扩大了，心态也由初来时的凄苦、孤寂变为乐观、豁达，并开始有了更多的精神追求。在我看来，这种精神生活主要表现在以下三个方面。

　　一是读书。苏轼博学通达，这和他一生都喜欢读书学习有关。他不仅向前辈、同行学习，面对大自然修行、悟道，更多的是向书本学习。苏轼从小就养成了一个很好的学习习惯——抄书。即使到了黄州，他也没有丢掉这个习惯。据记载，东坡雪堂建成后，苏轼有了自己的书房。有一天，黄州分管教育的学官朱载上慕名到东坡雪堂拜访苏轼，结果苏轼好一会儿都没有出来接客。朱学官等了好半天，等不及了，起身要走，这时候，苏轼匆匆忙忙赶了过来，给客人赔不是。客人问：苏先生在忙啥？苏轼说：您来的时候我在做日课，日课做完了，我才赶过来跟您见面。客人问：做什么日课？苏轼便把客人领进书房，说自己每天要抄几页《汉书》，这就是日课。苏轼接着说：《汉书》我抄了好几遍，已经烂熟于心，不信，您可以考考我。那位客人随手拿起《汉书》，随便翻到其中的一页，苏轼便能马上把这一页的内容全部背诵下来，朱学官佩服得五体投地。回去以后，他对自己的儿子说，苏东坡先生那么大一个学问家，还每天做日课，抄《汉书》，我们怎么能不发奋学习呢！现代社会，有了手机、电脑，很多孩子看书学习时往往很少动笔，甚至有些常用字怎么写都会忘记。苏轼在黄州抄写《汉书》的经历告诉我们，读书学习还是要经常动笔，把要学习的东西写下来，比仅仅看一边、读一遍，效果要好得多。

二是交游。苏轼一生性情豁达、开朗，喜欢和人接触、交流。据他同时代的人记载：

> 苏子瞻泛爱天下士，无贤不肖，欢如也。尝自言："上可以陪玉皇大帝，下可以陪卑田院乞儿。"
>
> ——刘壮舆《漫浪野录》

"卑田院"即悲田院，是宋朝寺庙专门收容乞丐难民的场所。苏轼自言"上可以陪玉皇大帝，下可以陪卑田院乞儿"，可见他多么喜欢交游，又可以和不同的人交流。所以，在黄州期间，他也留下了不少与人交游的佳话。

刚到黄州时，他曾专门拜访了一个故交陈慥。陈慥，字季常，官宦之后，也是当朝名士。苏轼曾在陕西凤翔为官，而当时的凤翔知府就是陈季常的父亲陈公弼。所以，苏轼很早就与陈季常相熟。陈季常虽然饱读诗书，却怀才不遇，仕途上很不顺利。于是，他带上家小来到了湖北黄州龙丘的歧亭，自称龙丘居士，过起了隐居生活。苏轼被贬黄州恰好路过龙丘，顺路去拜访陈季常。陈季常见到了故交，自然十分高兴。当天晚上，陈季常就在家里摆下丰盛的酒宴，还特意邀请了几个志同道合的好友，为苏轼接风洗尘。酒过三巡、菜过五味之后，陈季常唤来一班美艳的歌伎歌舞伴酒。大家也借着酒劲，一起跟着节拍手舞足蹈、大声欢唱起来，场面好不热闹。

正在兴头上，令苏轼意想不到的一幕出现了。只见在一群丫鬟的簇拥下，一个女人径直走到筵席旁，对着陈季常大发雷霆。再看那一帮歌伎，停下歌舞，大气都不敢出，灰溜溜地退下了。她是谁呢？原来是陈季常的夫人柳氏。

这位柳氏祖籍河东郡，是名门望族柳氏的后代。柳氏性格外向，说话声大气粗，跟那些养在深闺中的大家小姐完全是两个样，非常类似于我们今天所说的"女汉子"。陈季常因为事业无成，腰杆不硬，平时有些害怕脾气暴躁的夫人。苏轼还是第一次见到这种场面，一开始感到很吃惊，接着就笑呵呵地看着陈季常。只见这位龙丘居士面露愧色，对苏轼连连表示歉意："苏兄，见笑了，见笑了！"然后，就草草撤了酒宴，送走朋友们，安排苏轼在家里休息。苏轼是一位非常具有幽默感的文学家，跟陈季常又是老朋友了，所以，后来就写了一首诗调侃惧内的陈季常：

龙丘居士亦可怜，谈空说有夜不眠。
忽闻河东狮子吼，拄杖落手心茫然。

——苏轼《寄吴德仁兼简陈季常》

这首诗说，龙丘居士陈季常兄真是可怜，口诵佛经夜夜不眠。忽然听到夫人柳氏的吼叫，吓得手杖从手里掉下来，心里半天还怦怦直跳。苏轼饱读诗书，又精通佛法。在这首诗中，他巧妙地借用了佛教"狮子吼"的意蕴，把信奉佛学的龙丘居士和他凶悍夫人的形象描述得栩栩如生。从此之后，"河东狮吼"成了悍妇的代名词，而"季常癖"成了怕老婆的代名词。

此外，从苏轼留下来的许多诗文中，我们发现他也经常应朋友之邀外出赴宴，或者邀请三五好友到东坡雪堂宴饮聊天，这些都极大地丰富了苏轼在黄州的生活。

三是旅行。黄州濒临长江，景色优美，又有不少人文古迹，这给苏轼的贬谪生活增添了不少乐趣。反过来，苏轼在黄州的旅行生活和旅游诗文，又给黄州的江山增添了无限文化魅力。

先说苏轼的一次早春郊游吧。元丰五年（1082年）的早春三月，苏轼和朋友们去黄州的沙湖春游，途中遇雨。不巧的是，拿着雨具的仆人先前离开了，同行的人只能淋雨，很狼狈。过了不久，天晴了，苏轼想起淋雨的经历，写出了著名的词作《定风波·莫听穿林打叶声》：

莫听穿林打叶声，何妨吟啸且徐行。竹杖芒鞋轻胜马，谁怕？一蓑烟雨任平生。

料峭春风吹酒醒，微冷，山头斜照却相迎。回首向来萧瑟处，归去，也无风雨也无晴。

——苏轼《定风波·莫听穿林打叶声》

今天，我们读这篇《定风波·莫听穿林打叶声》，仍然能感觉到苏轼的文字具有穿越时空的力量，向我们扑面走来。从中也透露出苏轼看淡风雨，不怨天、不尤人，继续以坚忍不拔的态度，笑对人生，砥砺前行。这首词也成为黄州城市的珍贵记忆。

当然，说到旅行，不能不说苏轼的赤壁之游。因为历史记载和小说《三国演义》的缘故，赤壁大战赫赫有名，但真正让赤壁和赤壁大战更加深入人心的，则是苏轼在黄州创作的一词两赋。这一词就是《念奴娇·赤壁怀古》，相信很多人都不陌生：

大江东去，浪淘尽，千古风流人物。故垒西边，人道是，三国周郎赤壁。乱石穿空，惊涛拍岸，卷起千堆雪。江山如画，一时多少豪杰。

遥想公瑾当年，小乔初嫁了，雄姿英发。羽扇纶巾，谈笑间，樯橹灰飞烟灭。故国神游，多情应笑我，早生华发。人生如梦，一樽还酹江月。

——苏轼《念奴娇·赤壁怀古》

这首词是苏轼在宋神宗元丰五年（1082年）七月谪居黄州时所作，更具体地说，是苏轼两次和友人到黄州城西长江边的一处景点——赤壁矶（一名赤鼻矶）旅行后的作品。写景咏史，境界宏阔，雄浑苍凉，荡气回肠，被称为千古绝唱，是豪放词的代表作。除了词之外，苏轼还在这两次旅行之后写下了两篇优美的散文《前赤壁赋》和《后赤壁赋》，可谓篇篇锦绣，字字珠玑，至今被奉为经典。

不过，关于赤壁大战的真实发生地一直以来都有争议，长江中游的黄州、江夏、嘉鱼、蒲圻等城市都有可能，大多数学者认为在今湖北省赤壁市蒲圻县西北。当时的苏轼也许清楚这一点，《念奴娇·赤壁怀古》中"人道是"表明苏轼也不太确定赤壁矶是否就是三国赤壁。清朝学者朱日浚有诗云：

赤壁何须问出处，东坡本是借山川。

——朱日浚《赤壁怀古》

"本是借山川",把苏轼当年创作《念奴娇·赤壁怀古》《前赤壁赋》和《后赤壁赋》的背景给说清楚了。不过,因为苏轼的辞赋影响太大了,后代便有很多诗人干脆把黄州赤壁称为东坡赤壁,蒲圻的赤壁称为周瑜赤壁,形成了所谓的"文赤壁"与"武赤壁"。更有甚者,把当年周瑜在赤壁的武功和苏轼所创作的赤壁文辞拿来对比。元代诗人陆文圭有诗曰:

公瑾子瞻二龙,文辞可敌武功。
却怪紫烟烈焰,不如白月清风。

——陆文圭《赤壁图二首》(其一)

在陆文圭看来,苏轼的文辞甚至超越了周瑜的武功。后来,苏轼的辞赋还流传到韩国、朝鲜、日本。到了明朝,朝鲜文人把汉城附近汉江一处绝壁设想为长江的赤壁,在那里泛舟,模仿当年苏轼的赤壁之游。

除了诗歌,还有大量的绘画作品也往往以苏轼的赤壁之游为题材。明代有一位叫王叔远的民间微雕家,以苏轼《前赤壁赋》和《后赤壁赋》为题材,在一个拇指大小的核桃上雕刻了一条船,再现了苏轼泛舟游览赤壁的情景。船上的人物有苏轼、佛印、黄庭坚和两位船工,并刻上了"清风徐来,水波不兴"和"山高月小,水落石出"等《前赤壁赋》《后赤壁赋》中的名句,成为艺术珍品。可见苏轼在黄州的赤壁之游影响有多大。

前后算起来,苏轼在黄州待了四年多的时间,所以,黄州之于苏轼只是人生的一站,但这一站意义重大。我们发现,黄州之后的苏轼更加通透了,人世间尽管还会有千难万险、诸般磨难,但他的心里却依然挚爱着脚下的土地和大好河山,依然保持着一颗赤子之心。所遇皆良善,所见皆美好,"也无风雨也无晴""一蓑烟雨任平生"。

【城市文化自测题】
参考答案

第一章　　1.B；2.C；3.D；4.A；5.B

第二章　　1.C；2.D；3.C；4.A；5.D

第三章　　1.D；2.B；3.B；4.D；5.C

第四章　　1.B；2.D；3.D；4.D；5.B

第五章　　1.C；2.A；3.D；4.A；5.D

第六章　　1.B；2.A；3.D；4.B；5.D

第七章　　1.C；2.D；3.A；4.D；5.C

第八章　　1.B；2.C；3.A；4.C；5.C

第九章　　1.A；2.D；3.B；4.D；5.B